女は「政治」に
向かないの？

朝日新聞政治担当編集委員　秋山訓子

講談社

女は「政治」に向かないの？

目次

まえがき

日本は女性政治家が少ない。衆院議員で1割程度だ。なかなか増えない。一方で、２０１７年は女性政治家が政局を大きく揺るがした年だった。テレビやメディアでは彼女たちが目立つ。

たとえば、都議選で圧勝した勢いで希望の党を結成したものの、自ら転んだ小池百合子《こいけゆりこ》氏。防衛相に就任したが数々の問題を引き起こして辞任した稲田朋美《いなだともみ》氏。代表として民進党の立て直しを担うはずだったのに、唐突に辞任してしまった蓮舫《れんほう》氏。その後任となった前原誠司《まえはらせいじ》氏は民進党の分裂を招いた。希望の党との合流を決めた民進党に、それはできないといち早く表明し、立憲民主党結成への流れをつくった辻元清美《つじもときよみ》氏。そして、バッシングを浴びた山尾志桜里《やまおしおり》氏。

彼女たちが目立つのは、ただ単に数が少なくて美人であるがゆえのお飾り、マスコットだからだろうか。小池氏や稲田氏や蓮舫氏がそうだとはいわないが、彼女らは不幸な形で立ち退いていった。

マスコットやお飾りを超えて女性が一人の政治家として渡り合えるか。今がその過渡期、試されている時期のように思える。

＊

女性政治家に関心を持つようになったのはいつだろうと振り返ってみると、政治部に配属になって初めて自民党を担当したときにさかのぼるように思う。

今から20年近く前、私は30代になったばかりで、国会対策委員長を務めていた古賀誠《こがまこと》氏の番記者をすることになった。

配属された日、私はめちゃくちゃ緊張しながら国会内の自民党の国会対策委員長室の前に立っていた。国会はいかにも自分には場違いな感じで居心地が悪く、不安だった。

突然、国対委員長室の扉が開くと、中から野田聖子《のだせいこ》氏が出てきた。

野田氏は小渕恵三《おぶちけいぞう》首相に抜擢《ばってき》されて郵政相を務めた後、古賀氏のもとで国会対策副委員長となっていたのだ。彼女もまだ30代だった。

とっさに「あ、こんにちは、はじめまして、今度国対担当になった……」とあわてて名刺を渡したところ、野田氏は「あ、私、何もしゃべんないよ」と言って、それから「しゃべるなって言われてるから」とニヤッと笑い、すたすたと去っていった。

頭の中を、整理できないいろんな思いがぐるぐると回った。

国対とは（当時の私はまったくわかっていなかったが）、国会に提出された法案をいかにして成立させていくかを担当する党の機関で、与野党の折衝も多く、「ザ・政治」という感じの組織であり、機能である。テレビなどを見ると、国会では与野党が対立ばかりしているようにも思えるが、双方が協力し合って法案を進めていくときもある。国対とはそれをさばく場で、秘密の折衝ごとも多い。だから、政治家としては記者にしゃべれないことばかりで、こちらとしてはそれをなんとか探り出すのが仕事ということになる。

そんな国対を担当している野田氏には、永田町を生き抜く術としてそのルールをきちんと守っている人なんだな。ただ女性だから、目立つからというだけで大臣に抜擢されたのではなくて、永田町や政治のルールにも従っている人なんだ、と思ったのである。

一方で、それを率直に言葉にする彼女の言い方も魅力的だなと感じた。なぜなら、永田町で政治家たちが話す言葉にはこういうストレートさを感じることは少なかったからだ。彼らの言葉は、何を言っているのかわからなくて、もどかしくて難しかった。

しかも、「しゃべるなって言われてるから」という、この物言いが、永田町にあってはなんともチャーミングに思えた。もし、ほかの政治家だったら、たとえ「しゃべるな」と言われてもこんなふうには言わないだろう。

同性だし、年もわりと近いし、友達になれそうな感じさえした。取材対象という意味だけではなくて、彼女のことをもっと知りたくなり、話してみたくなった。ジャケットを脱いで気をゆるして仕事以外のことも話してみたいな、一緒にお酒をのんでみたいな、と。

それまで男性の政治家たちと接したときには得られなかった感覚だった。

男性の政治家だけでなく、男性記者も同じだった。彼らは「業界の中の人」だった。政治記者の仕事は長年培われてきたお約束や暗黙のルール、業界用語に満ちていて、政治部に来たばかりの頃、周囲が何を話しているのか私にはまったく理解できなかった。とまどい、息苦しさを感じて窒息しそうだった。政治記者としての厳しい競争もあった。

今よりもさらに、女性政治家も、女性政治記者も少なかった時代である。

だから、彼女に会ったときは新鮮だった。こんなふうに話す人がいるんだ、と。

彼女を取材する日々が始まった。もちろん記者と政治家で、取材者と取材先だから友達ではないが、それでも彼女と話すときにはある種女友達とのおしゃべりにも似た楽しさがあった。政治についての私のつたない見方もバカにしないで聞いてくれたし、彼女も、私がふだん使う言葉で政治を語っていた。それは明らかに多くの男性政治家や記者と違っているように思えた。

ほどなくして小渕首相が亡くなり、小渕優子《ゆうこ》氏が当選した。野田氏は10歳以上年の離れた彼女といつも一緒に行動して先輩としていろいろ教え、そしてそれこそ女友達としておしゃべりをしていた。国会の中で若い女性議員2人がとても楽しそうにしゃべりながら歩いている姿もめちゃくちゃ目立ったし、これから国会もこうやって変わっていくのかなと感じた。女性議員の数は現在も10％程度で、そうはなっていないが。

彼女は当時（今もだが）「私は本当に女性政治家が少ないなかで苦労してきたから、下の子たちにはそういう思いを味わわせたくない。だから面倒を見るんだ」と言っていた。これは、私自身がその後まったく同じように感じたことだった（私は、私の所属する新聞社の政治部で現場の班長役のキャップをしたのも、デスクになったのも女性第1号だ）。

「少数派だから」、「女だから」。もちろんそれで特別扱いされてきたのは重々わかる。でも、当時はまだ、周りを見回しても組織が、私に限らず女性の使い方をわかっていない時代だった。だから、彼女の言葉や態度が本当に身にしみた。私もそういう先輩が欲しかった。というか、私には女性の先輩はほとんどいなかったので、今から思えば、彼女を先輩として見ていた。

私はそれまでフェミニズムには、敬服はするものの、少し距離を置いていた。攻撃的で、すぐに白黒はっきり付けないと許してくれないような印象だったからだ。特に男性が圧倒的に多い職場にいると、違和感を日々感じることがあっても、すぐにはたたかわず、胸の中に秘めて「いつか」と思いながら妥協を重ねることが多い。そういう生き方を軽蔑されているようにも思えた。

でも、政治家としての野田氏の生き方を見ているうちに、政治と女性を追っていこうと思うようになった。そして、彼女自身もキャリアを重ねていくにつれて、女性に関する政策や政治と女性の問題を自らのテーマとしてよりはっきりと打ち出していくようになったと思えた。

*

今の女性政治家たちをいくつかのタイプに無理やり分類するならば、第一は、権力を持つ男性にかわいがられ、それをてこにステップアップしていくタイプ。男と女の前で見せる顔が違うこのタイプは、実社会でも「いるいる」と思える人たちだろう。彼女らを否定するつもりはないが、本書ではこのタイプと思われる政治家は取り上げていない。女性から共感されるタイプに絞ろうと思ったからだ。

第二の、女性から共感されるタイプというのは、きわめて率直で決断力があって、一度決めたら周りからどう思われようと突き進む人たち。信頼できて、こちらが素の自分を見せても大丈夫だし、仕事以外でも会いたいと思わせる。野田聖子氏がその代表だろう。

そして、第三のタイプ。戦略的で勝負強く、メディアを使うのが上手なタイプだ。非常に手強いが、女性から共感を呼ぶときもあればそうでないときもある。代表格が小池百合子氏だ。というか、彼女のほかにはほとんど見当たらない。

こんなふうに書いていくと、みなさんにも、ああ周りにいるいるこういうタイプ、と思ってもらえるのではないだろうか。そう、女性政治家だって一人の女性としてずっと人生を生きてきたわけで、私たちとそう変わらないのである。なのに、「政治家」と言った途端に特殊な存在、よくわからない人として距離を置かれてしまうように感じる。

私たちは女性政治家のことをよく知らない、と思う。特に女性たちは知らない。

女性政治家というと、なんだか引いてしまうのが多くの女性の本音だろうと、長年新聞社の政治部で働いてきた私だって、そう思う。これってなぜだろう。

政治についてあまり教えられず、政治家という職業が身近じゃないから。

そして、政治の世界がずっと男性で占められていたから。だから余計に近づきがたくなっている。

女性であっても政治に関心がないわけではない。普通に暮らしていたら政治を感じるときはいっぱいある。保育園に入れるだろうか、年金はもらえるだろうか、北朝鮮は大丈夫なんだろうか、父母の介護はどうしたらいいだろう……。けれども政治が近づきがたいものだから、その思いの持って行き場がないだけだ。自分たちと同じ普通の言葉で話せる、自分たちが困っていることをわかってくれる女性政治家がいたら、みな駆け寄っていきたいのだ。これは多くの取材現場で私が実感してきたことだ。


女性政治家について知ってもらおう。そうしたら、政治に興味を持つ人、特に女性が増えるかもしれない。それがこの本を書いた動機だ。

人々が政治家を選ぶ際には、政策や党ももちろん見るけれども、結局政治家の「人間」そのものを見ている。政治家の全人格を見て判断しているのだ。だから、本書では、それぞれの女性政治家がどういう「人間」なのか、について語っていこうと思う。

彼女たちがどういう思いで政治を志し、どんな経験をしてきたのか、ぜひ読んでほしい。

彼女たちの目を通してみると、政治とは実は無限の可能性を秘めた面白い場所であることがわかるはずだ。

政治の世界はこれまで「プロ」に占められて内向きに物事が決まっていた。「鉄の三角形」という言葉を聞いたことがあるだろう。政治家と官僚、業界団体が、カネと票、政策を媒介にして結びつき合っている。そこに関わっている人たちだけがおいしい思いをし、自分たちにとって好ましい政策が実現する。高度経済成長時代はそれでもよかった。お金はふんだんにあって次から次へと政策は実現したし、多くの人が組織化されて（女性はその組織に生きる男性の妻という形で）、このうまみを分け合うことができたから。

しかし多様化が進み、少子高齢化で右肩下がりの時代。これまでのような内向きのやり方ではたちゆかなくなっている。こういうやり方で決めていた予算は硬直化して改めることができず、リアルな生活実感からどんどんずれていった。

今こそ女性の出番だと思うのである。政治の世界では女性は新参者だから、既得権にとらわれず改革、変革ができるかもしれないし、しかも日々のくらしを知っているから、この「ずれ」を直していくことができる。実際、そうやって政治を変えた女性たちの話がこの本の中には詰まっている。

女性が女性が、と書いてきたが、もちろん男性にも読んでほしい。あなたの知らない女性政治家の姿がここにある。女性政治家を見ることで、日本政治のありようや社会の変化、成熟度も見えてくるのだ。

野田聖子

女性のキャリア変化とともに

総理大臣候補になった元OL

現総務相。２０１８年秋に予定されている自民党総裁選に出られるかが注目されている。本人はやる気満々だが、20人の推薦人が集められるかどうかはわからない。

１９６０年に生まれた。彼女が25歳の85年に男女雇用機会均等法が成立した。その2年後87年に岐阜県議になっている。彼女が93年に田中真紀子《たなかまきこ》氏とともに衆院に初当選したとき、自民党にはほかに女性衆院議員はいなかった。森山真弓《もりやまゆみ》氏が89年に海部俊樹《かいふとしき》内閣で官房長官に就任しているが、彼女は80年初当選の参院議員だった。実に自民党で13年ぶりの女性衆院議員だったのである。

女性で総理大臣候補と言われたのも彼女が初めてであろう。彼女の歩んできた道は、日本で女性のキャリア道が変化していく様子と軌を一にしている。すなわち、最初はマスコット、お飾り的立場であり、それから少数派の物珍しさゆえに重宝され、その陰で実力をつけてやがて男性に起用される立場から男性に勝負を挑もうとするところまで。そして、結婚、出産して、子育てとキャリアをどう両立させていくかについても、彼女は悩みながら進んできた。

今、彼女は勝負に挑めるかどうかの胸突き八丁にいる。

85年に男女雇用機会均等法が制定され、女も男と同じように働くのだという気運が出始める。しかし財閥系の総合商社でようやく女性総合職を採り始めたのは、彼女が衆院に初当選した頃である。

日本のエスタブリッシュメント企業で少しずつ変化が起きる、その萌芽《ほうが》の時期である。ましてや、政治の世界はさらに何周も遅れている。日本の女性政治家を代表する彼女のたどってきた道を追うことで、女性が政治の世界のみならず、社会でどう扱われてきたのか、キャリアを積んでいくとはどういうことなのかが見えてくる。

彼女が突き当たった壁や悩みは、おそらく多くの普通の女性たちとも共通する普遍的なものだ。それはまた、日本の社会や政治の成熟度も映し出しているように思える。

野田は60年生まれ。もともとの名は「島《しま》聖子」だ。野田家の長男だった父が、資産家だった母方の島家に養子に入り、島姓になった。野田家に後継ぎがいなくなったため、今度

は聖子氏が野田姓を継ぐことになり、24歳で「野田聖子」になった。「聖子」の名は、60年に開かれたローマ五輪にちなみ、「聖火」からとった。父が八幡製鉄に勤めていたので、福岡で生まれて、幼稚園のときに東京に引っ越した。東京を代表する超高級住宅街の一つである田園調布に自宅があるお嬢様だ。

上智大卒業後、帝国ホテルに入社して女性初の営業職となる。楽しく働いていたが、26歳のときにかかってきた電話が人生を変えた。

岐阜県議選に出ないか、というのだ。

彼女の父方の祖父は野田卯一《ういち》で、大蔵事務次官から政界入りして建設相などを務めた。野田卯一は79年の総選挙で落選し、そのまま引退していた。行き場を失ったままだった後援会の人々が、彼女に目をつけた。

「君しかいない」と頼まれた。

仕事は充実していたが、当時はまだまだ男社会。「歯車の一つとして大きくなっていくのかなあ」と思っていた。

「ここで言われたのも何かの縁だ、なんかわからないけど、いっちょのってみるか、と思って」

頼まれて意気に感じると、燃える。これまた彼女の生き方である。ちょうど、ジェフリー・アーチャーの『ロスノフスキ家の娘』を読んでいた。ポーランド系移民2世が初の女性米国大統領になる小説だ。

「自分もこうなるのかもしれない」

そんなふうに楽観的に考え、とはいえ県議とは何をするのかも知らないまま、会社に辞表を提出して87年4月の岐阜県議選に出馬した。

地方議員のゆううつ

無鉄砲、向こう見ずだが、この性質がなければ政治家にはなれない。あれこれ考えていたらあまりに不安材料が多くてとてもじゃないがこの世界には飛び込めない。政治家とは何をするのか。自分に務まるのか。結婚できるのか。子どもは産めるのか。5年後、10年後には何をしているのか。そして何より、当選できるのか。

「これからの成長を見てください。育ててください」

後援会のみこしに乗り、ひたすらこう連呼して、すんなり当選した。全国最年少県議、

しかも女性、当時人気絶頂だった松田聖子《まつだせいこ》に名前が似ていることもあり（実際、「松田聖子」と書かれた無効票は多かったという）、全国ニュースにも取り上げられた。ちやほやされまくった。

当選してすぐ、地方自治のお寒い現状を知ることになる。当時は今ほど地方分権が進んでおらず、1割自治、2割自治といわれていた。地方が独自に何かをする、できることは本当に少なくて、国の後押しが必要な時代だった。

「バス停を移動するのですら、国にお伺いをたてていたんだから」

祖父が国会議員時代に手掛けてやり残していた鉄道高架事業があった。国の予算をつけてもらうためには担当の建設省にお願いしなければならないと、市長とともに県議の一団が陳情団を組んで出かけた。永田町・霞が関では今でも見られる光景だ。このために、各都道府県は東京に出先事務所を置いている。先述したように当時は国と地方の序列は今よりもずっと明確だった。ひらたく言えば国が一番偉くてその次が県、その下が市だった。

霞が関の建設省の、机が並ぶごみごみした部屋に入り、市長が「岐阜市長の蒔田《まきた》（浩《ひろし》）です。陳情にまいりました」と挨拶した。すると、手前の机に座って下を向いて作業をしていた若い男性キャリア官僚が一瞬だけこちらを見て「あ、陳情の紙はそこへ置いておいて」。それだけ言うと、下を向いて作業を続けた。その一言で終わりだった。

自治体は国に予算をお願いする立場で、国は「予算をつけてやる」のだから、国のほうが権力がある。それが官僚の、自治体の人々に対する態度にも自然と表れるのだ。

「私は血の気がくわーっとなって。市民が選んだ市長に向かって、私くらいの年の小僧が何なのこの態度は、って思ったの。挨拶もできないのか、って。それで、こんな地方自治ではだめだ、国政に出なければって決めた」

セクハラに泣かされた落選期間

当時、自民党には逆風が吹いていた。彼女が県議に当選した87年に発足した竹下《たけした》登《のぼる》内閣は翌88年にリクルート事件が起き、89年6月、竹下首相は退陣に追い込まれる。7月にあった参院選では、社会党の党首だった土井《どい》たか子《こ》氏が消費税反対を訴えて女性候補を擁立、「マドンナ旋風」を吹き荒らした。

改選126議席中、社会党が46議席を獲得したのに対し、自民党は36議席だった。参院で与野党が逆転したのだった。

「自民党が危ない。向こうが女性ならこっちも女性だって思って。後援会からは無謀だって反対されたけど、立候補した」

90年のことだ。当時は中選挙区制の時代で、よくあったことだが自民党の公認はとれず、無所属で出た。無所属で出て当選すれば自民党に入れてあげる、というのだ。

世の中そんなに甘くなかった。定数5に9人が立候補して、8位。惨敗だった。

「それまでのおみこしの上の生活からどん底に真っ逆さまの気分」

落選が決まった夜、田園調布の豪邸の実家とは対照的な、岐阜で住んでいた鉄製の外階段がある「かんかんアパート」の2階で妹と2人、並んで寝た。

「妹に気づかれないように、背を向けて一晩中、泣いた」

その後どうなったか。

「さーっと、まるで音をたてて潮が引くように、周囲から人がいなくなったの」

でも、負けたくなかった。

「そこから私は本気で政治家になろうと思ったの。私に入れてくれた人が5万人いた。見ず知らずの人が5万人、野田聖子に託してくれたんだから。それをむげにしたら、一生後悔するんじゃないかと思って。あと一回やろう。あと一回だけ。それでだめならあきらめよう」

挑戦することにした。

言うのは簡単だが、やるのは大変だ。毎日ひたすらひたすら戸別訪問。ピンポンしては「野田聖子です」。でも……。

「もう、さんざん。女が政治に出ようなんていうのが、まったく理解されていない時代だから。汚いものが来たとばかりに塩をまかれたり、女だてらに選挙に出るなんてと説教されたり。『野田せいこう』という会社と間違われて、何も言う前から『間に合ってます』と言われたり」

こういうときには自虐的なまでに、徹底してやるタイプだ。歩きすぎて、かかとを疲労骨折した。

夜は飲み会のはしごだ。セクハラという言葉もまだない時代。胸やおしりをさわられることだって珍しくなかった。

彼女の母も娘を助けたい一心で歩き回り、お願いした。「野田聖子　母　弘子」という名刺を作った。母は「若い女が立候補するなんて、公衆便所ですよ」と選挙区の人から言われ、最初は何のことだかわからず、後で意味がわかると卒倒しそうになった。

そんな日々が3年半続いて、93年7月の衆院選で初当選した。

結婚は後援会次第

当時の写真を見ると、きつくパーマのかかったショートヘアで、原色のスーツ。

「我ながら今よりもおばさんっぽいよね」

ナチュラルなセミロングで、トラッドっぽいスーツの今のほうが若く見えるほどだ。女性政治家の服装や髪形はダサい、とよく言われる。彼女の場合は有権者に女性性を見せたらだめだ、と言われたからそんなスタイルになった。一方で、パンツははかず、必ずスカート。「田舎だとパンツはカジュアルで失礼だと思われるから」だ。

彼女はそうではないが、オレンジや赤、ピンク、青など派手な原色のイメージカラーを決めて、その色の服しか着ない女性政治家もいる。有権者に覚えてもらうためだ。

結婚も後援会から禁じられた。

「いい年の女性なのに結婚もできず、一人で苦労している。それだけ本気で政治にかけて、地元のために尽くしているというイメージをつくらねばと言われたから。私はそれを忠実に守ったの」

当時はまだ、がんがんに働き続ける女性はシングルというイメージがあったかもしれない。筆者は92年に大学を卒業しているが、育児休業法が施行されたのが同年で、早稲田、慶応クラスの大学を出ても一般職を選ぶ女性が珍しくなかった時代である。たとえ東大を成績優秀で卒業して一流企業に総合職で入社しても、結婚であっさりと辞めてしまう女性も少なくなかった。

「国会議員になったのだから、いつかは総理大臣に」と公言しだすのは、国会議員になってすぐだ。当選間もなく、中曽根《なかそね》康弘《やすひろ》氏と話す機会があった。そこで「政治家たるもの、総理大臣を目指さねばならない」と言われたのだ。そこから、てらいなく口にするようになった。

「だって、誰でもそうやって目標を持っていなきゃ、だめじゃないかと思うの。トップを目指さなきゃ。適当でいいやという国会議員が多かったら、自民党の言うなりになってしまうというか、ろくでもない政策になっちゃう」

初・大臣

96年、当選2回で第2次橋本龍太郎《はしもとりゅうたろう》内閣の郵政政務次官になり、98年、小渕恵三内閣で郵政相に抜擢された。

小渕氏が選出される総裁選では、反骨魂を発揮して、少数派の梶山静六《かじやませいろく》氏の推薦人となっていた。

「小渕さんが選ばれたから、残念会と称して仲間と徹夜でカラオケをしていたんだよね。そしたら明け方、知り合いの自民党職員から閣僚入りらしい、と電話が来たの」

あわてて議員会館の事務所に行くと、いろんな先輩から電話が入る。「環境庁長官らしいよ」と言われた。初入閣だから、どの大臣でも喜ぶのかと思いきや、本人はそうではなかった。

「だって私、環境の〝か〟の字も知らないんだよ」

そこで、当時小渕派の大番頭で幹事長代理、小渕内閣では官房長官に就任することになる野中広務《のなかひろむ》氏に電話をした。こわもてで、当時を知る人からすれば「野中先生ににらまれ

1998年12月5日、大原麗子さんと年賀状をアピールする野田郵政相
(写真:共同通信)

たら、次の日は東京湾で簀巻《すま》きになっているんじゃないか」というくらいの迫力だった。

「環境庁長官は無理です」

「何を言っとる。誰がお前を大臣にするって言った」

「いや、みんなが言うので」

「普通はな、1回目はなんでも受けるものや」

「環境はできないんです。私は郵政しかできません。小渕総理に恥をかかせないためには郵政しかないんです」

こんなことを、普通は言わ

ない。大臣になるというのは晴れ舞台、選ばれてならせていただくものだ。野中氏の言うとおり、たとえ自分の専門と違う分野であっても、1回目はなんでもおしいただいて受ける。自分からなりたいなどと言ってなれるものではない。

「でも、私はそれは嫌だったの。私にしてみれば、知らない分野を担当して自分も恥をかきたくなかったし、抜擢してくれる小渕さんにも恥をかかせたくない。だったら、自分がよく知っている分野で起用してもらったほうがいいと思って」

郵政ならば政務次官を経験していたから専門家であるという自負があった。

大臣に抜擢されたのは、女性だから、ということはもちろんあっただろう。少数派ゆえに優遇され、そして少数派ゆえに集団の同調圧力からは逃れて、自己主張をして希望のポストを手に入れた。しがらみや前提、お定まりのルールにとらわれずに、自分で自由に考えられるのだ。

そこで、郵政大臣に起用される。当選2回、37歳だった。

大臣の次は、党務だ。実力者だった古賀誠国会対策委員長のもと、国対副委員長を務めた。古賀氏に気に入られ、2000年に古賀氏が幹事長になると筆頭副幹事長に抜擢される。仕事はきわめて順調だ。ポスト小泉純一郎《こいずみじゅんいちろう》、未来の首相候補、などともちらほら言われるようになっていった。

一方で、私生活はというと……。大臣の職務を全うすると、実績もできたということで、今度は「結婚している女性が多数になった、結婚しなさい」と後援会に言われた。

「ちょうど自分でも、私には私生活がない、って思っていた時期だった」

最初の結婚

脇目も振らずがんがん働いていた女性がキャリアステップを一段上がって一息ついて、さあ結婚はどうするか、と考えられるようになった、ということだろうか。

郵政相をしていた98年のクリスマス・イブ。彼女は一人だった。予算の折衝が夜まで長引くかもしれないから、予定を入れないようにと役所から言われていたが、夜になる前に決着がついた。「今日これからどうします?」と秘書官に言われて周りを見回すと、秘書をしている妹も、官僚の秘書官も、みんな用事がある。彼女には、ない。

「一緒に来る?」と言われるのも同情されているようでカチンと来て、帰宅した。

「SPも帰して、さあごはんでも、と思ったら、ワンルームの自室にはカップラーメンく

らいしかなくて。これではあまりに空しいと、自宅近くの恵比寿のお好み焼き屋に行ってみたの。そこならカップルもいないだろうと思ったんだけど、これが若いカップルだらけでね。すっかりみじめな気分になって、きれいな夜景でも見て気分を晴らそうとガーデンプレイスに行ってみたんだ」

どうなったか。

クリスマス・イブの美しい夜景は、カップルのためにあるものだ。特にここ日本においては。どこもかしこもカップルだらけ。

「私、寂しさのどん底に落ち込んで。もう泣けてきて。後から後から涙があふれてきて止まらなくなっちゃって」

しまいには、号泣しながら恵比寿の街をさまよい歩き、ワンルームの家にたどりついた。このあたりのエピソードも、身につまされるキャリア女性は多いのではないか。

私生活を充実させたい。

切実にそう思っていたとき、最初の夫である鶴保《つるほ》庸介《ようすけ》参院議員に出会った。01年の1月、郵政関係の国会議員の米国への視察旅行でのことだった。帰国後反省会と称してカラオケに二人で行って、意気投合。その場でプロポーズされ、受け入れる。

すべてがものすごい速度で回転していった。4月に母に紹介し、5月2日、ゴールデンウィークの合間に国会で記者会見した。事前に相談した野中広務氏には「結婚したら当たり前の女になっちゃう。おまえは人気を失うぞ」とも言われた。

だが、杞《き》憂《ゆう》だった。

「それが全然逆で。結婚してみると、女性からすごく親しみを持たれるようになった。政治家だからって特殊なんじゃない、私たちと同じ普通の女性なのだと思われたみたい。私も、結婚して夫婦になって、二人でジーンズでスーパーに買い物に行ったりする。そんな当たり前のことがうれしかった」

そう、女性たちは自分たちと同じように話の通じる女性の政治家を欲していたのだ。キャリアだけを追い求めて遠くに行ってしまうのではなくて、身近な話から政治へとつなげていく。彼女はそういう女性政治家の先駆けでもある。

だが、お互いにあまりに忙しくて、夫婦はすれ違いの日が続く。

不妊治療という壁

そんななか、不妊治療だけは熱を入れた。「それまでは政治家稼業に必死で、とてもほかのことは考えられなかった。ほっと一息ついて、せっかく女に生まれたのだから、子どもを産みたい」、その思いがぐんぐん強くなっていった。

「支えとなる家族が欲しくて」

これまた、女性がキャリアステップをさらに上がって、子どもも欲しい、と思うようになったということだ。99年に男女共同参画社会基本法が施行されている（男女共同参画、という言葉はいかにもわかりにくいが、要は男女平等ということだ）。

結婚した後、年齢のこともあって精密検査をしてみると、彼女が卵管閉塞を抱えていて、自然妊娠ができないことがわかる。当時はまだ今より不妊治療はマイナーだった。03年暮れには着床したが、年明けに流産してしまった。

間を開けず不妊治療を再開するが、05年に彼女の政治家人生を揺るがす大きな出来事が起きる。郵政民営化法案の国会審議と、解散総選挙である。

「私は大臣もやった郵政のプロ。法案も読み込んでみて、小泉（純一郎）流の民営化はまったく納得できなかった」

法案には反対を貫き、その後国会は郵政解散に至る。造反組として公認されず、刺客として佐藤《さとう》ゆかり氏を送り込まれた。地元の業界団体は踏み絵を迫られ、野田氏についた人たちは有形無形の嫌がらせをされた。

何とか当選を果たして永田町に戻ってきたが、離党して無所属となった。党や政府の役職も皆無となり、今まで事務所に通ってきた官僚や業界団体の人々、マスコミも、一気に遠ざかっていった。

「そのときに決めたの。これからは人間関係を慎重に選ぼうって」

造反の影響は夫にも及んだのか、役職を後回しにされたこともあった。不妊治療もうまくいかないままだった。そして、06年秋に鶴保氏と離婚する。もっとも事実婚だったから、特に届けを出したりしたわけではない。

鶴保氏はこの結婚についてどう思っていたのだろう。二人の別離後に野田氏が出した著書『不器用』（朝日新聞社、07年）のなかで、鶴保氏はこんなふうに語っている。

「彼女の魅力は……。（中略）女性としての魅力は……ノーコメントだな（笑）。まあ、か

わいいところもあるし、難しいところもあるし、これは男と女の関係だからね」

「結婚生活で特に楽しかったのは、人目につくようなとこで、二人で何もしないでボーっとしていられたこと」

「離婚のきっかけは彼女が入籍しなかったことです。結婚後入籍するというのは、結婚した当初からの彼女との約束でしたから。家族としての共同体はどうあるべきなのかという、僕なりの人生観、家族観っていうやつです。（中略）夫婦別姓法案も彼女ががんばったけど通らない。じゃあ子どもができれば、その子どもを野田家の養子にして、それから彼女が鶴保姓になることもできるって彼女は言ったけど、それも無理。それなら子どもができなくても鶴保姓になるかというと、やっぱりそれはできないと彼女は言って、それならもう……というのが、形式的、表向きの理由です。形式的じゃないところは、言えません」

成功した女は、男に負い目を感じる？

女性政治家の恋愛。本当に難しいと思う。独身の女性議員が口をそろえて言うのは「男の人が引いてしまう」ということだ。

ならば政治家同士なら、と思っても、野田聖子氏も高市《たかいち》早苗《さなえ》氏も破局に至っている。やはりどうしても、いろいろな意味で競争相手である。党や政府での人事、人気商売だからマスコミへの露出などで、相手と比べてしまうとつらくなるのかもしれない。選挙という命がけのたたかいがあるから、「吊り橋効果」で相手が魅力的に見えることもあるかもしれないが、しかしそれ以上に難しさもあるのだ。

2回目の結婚の後だが、彼女がページを切り離して手帳にはさみ、時々読み返していた小説の一節がある。唯川恵《ゆいかわけい》の短編集『天に堕ちる』（集英社文庫、13年）にある「汐里」だ。夫との関係に悩む人気イラストレーターの物語である。

「成功した女はいつだって男に負い目を感じていなきゃならないの、そうじゃなきゃ結婚生活なんか成り立たないんだから」

「降参してあげなさい。そうすることが結局は自分の得になるんだから」

06年末、第1次安倍晋三《あべしんぞう》政権下で彼女は自民党に復党した。今の夫と会ったのはその頃だ。前の結婚のこともあり、しばらくは一人でいようと思っていたのだが、思いがけず新

06年12月6日、自民党に復党した際の記者会見（写真：共同通信）

たな出会いがあった。

「今の旦那と出会って、私は自分を取り戻したの。彼は私が政治家で、大臣経験者だということにもまったく気おくれしないでごく普通に接した、ほんのわずかな男性の一人だったの」

夫は京都で生まれて地元の高校を卒業して浪人中、バイト先で調理の仕事を始めた。長じて精進料理の店で板前となり、自分の店を持つ夢を叶えるためにIT企業で猛烈サラリーマンをしてお金をため、大阪でイタリアンや焼き肉などのレストランを経営していた。

生まれ育ちや肩書を気にする人々もいる。永田町や霞が関界隈で、東大卒や幼稚舎から慶応という人間がまったく珍しくないエスタブリッシュメントだらけ、2世3世議員が幅を利かせる世界では特にそうかもしれない。実際、ある国会議員に相談すると「総理の夢はなくなるぞ」と言われた。そんな人と結婚するなんて、ということだ。
だったらそんな状況を変えてみよう。逆に奮起した。これが彼女の真骨頂である。
「結婚式もしないだろうし、籍も入れないだろうけれど、終生のパートナーとしてやっていこうと決めたの」（結局、入籍して夫が野田姓となった）
08年の7月末だ。ちょうど福田《ふくだ》康夫《やすお》内閣の改造が行われ、彼女は内閣府の消費者行政推進担当相に起用される。自民党の消費者問題調査会の初代会長をしていたからだ。福田首相はそれからほどなく、9月下旬に退陣したが、麻生太郎《あそうたろう》内閣でもそのまま同じ大臣を務め、09年夏の自民党の下野まで続いた。

卵子提供という選択

自民党が野党になって、まず彼女が何をしたかといえば、さらなる不妊治療だった。

「50歳になっていたけど、子どもを持つ夢は断ちがたくて」。養子縁組を検討するが、40歳以上はだめ、共稼ぎはだめなどいろいろと制約があることがわかった。

難しそうだということになり、思い出したのが卵子提供だった。大臣時代から、夫がネ

ットで見つけてきていたのだが、閣僚をやりながらではなかなか難しい。何せ日本では行われていないから海外に行かねばならない。今は野党で時間があるからと踏み切ることにしたのだ。

「代理母を利用した向井亜紀《むかいあき》さんと前から親しくて。お互いに悩みを打ち明けあう仲だったから、エージェントを紹介してもらったんです」

10年、数度にわたり渡米し、卵子提供を受ける。無事着床して今度は流産もせず、子どもは順調に育っているように見えた。

だが14週ほどで胎児に異常が多そうだと判明し、21週までは合法的に堕胎もできるので夫婦で相談してほしいと言われた。「エコーで映し出される映像を見ると素人目にも異常があるのがわかった。首もとには浮腫《ふしゅ》、むくみがあってふくらんでいて、顔の大きさほどの肝臓がおなかから飛び出してた」。でも、まったく悩まなかった。

「授かりものなんだから。こちらでコントロールしちゃいけないでしょう。子どもにはいろいろできないことはあるだろうけれど、私は受け入れられる。おばさんだし、修羅場も潜り抜けているし、貯金もしていた。どんなことがあっても受け入れようと思って。だってようやくここまで来たんだから。最初にエコーの画像を見たときの感動を忘れられない。心臓が動いていて。もう、すべてが喜び。私はこの子を生かさなきゃ、って。あれを見たらあきらめようなんて思わない」

生まれた後の世話が大変であることも予想されたが、それは自営の仕事をしていた夫にやってもらおうと思っていた。次の検診でどうしますか、と問われて、

「産みます。夫ともよく話しましたから、大丈夫です」

簡単かつ明快な答えだった。でも夫はびっくりだ。相談していなかったのだから。

「何だこの人は、って思いました。彼女の中では決めていたんでしょうね」（夫）

生まれるかどうかわからない。おなかの中で死んでしまう可能性もある。そう言われながらも、生命は日に日に育ってゆく。

「政治家って、国民の生命、財産を守るとかっていうじゃない。けれども、生命を守るっていうのはこういうことなんだって。あのリアリティーはすごかった」

10月末に大出血を起こして入院。11年1月6日に長男が誕生する。仮死状態で、人工呼吸器をつけ、すぐに手術。彼女自身も体調がすぐれず、子宮を摘出する手術を受ける。

長男は2年3ヵ月入院した。1歳のときに脳梗塞を起こして右半身が不自由になった。

一方、その間に自民党は与党に復帰。彼女も、第2次安倍内閣の誕生とともに総務会長

となった。

障害を持つ子の母が、政治をする

総務会長となって3ヵ月あまりの13年4月に長男が退院して家に帰ってきた。気管切開をして人工呼吸器をつけているので、その世話や、痰の吸引も必要だ。口からものを食べられないために、食事は胃瘻《いろう》。人工呼吸器が外れたり、管がつまったりして、パニックを起こしたことも数知れない。

右半身が不自由だった長男は、成長していく過程で日々「プチ奇跡」が起きた。医学的に説明ができないけれども、それが育っていくということなのだろう。

「誰も教えていないのにお尻歩きができるようになり、つかまり立ち。歩けるようになって、今では走ることもできる」

17年に小学校に入学し、運動会の徒競走では2着だった。

「子どもを産んだ今のほうがすごい仕事をしている」

これは働く母親がよく言うことだが、生産性が上がるというのだ。仕事とそうでないときのメリハリがきいているということだ。時間が限られているなかでやらなくてはいけないから、仕事をしているときは、効率よく、密に取り組む。

「明日延ばしができないんだよ。やれることは今日、前倒しで今日やっちゃう」

人間としての幅が広がったとも思う。

「弱いということが、こんなに損をすることかとわかったの」

しかも障害児の場合、家族の負担も大きくなる。母親が働きたくても、面倒を見るために仕事を辞めざるをえなかったりする。

「障害児っていうけど、一緒に家の中で暮らしていると、障害児だったっけ？ってなる。障害があることに気づかされるのは、一歩外に出たとき。社会の壁だよね。〝障害児〟に変身しちゃう。その家族は、強さを前提とした社会の中で、弱い人を抱えたペナルティーみたいな感じ。カネをちょっと出すから働くなという」

しかし、その「カネ」、つまり社会保障費といったって、潤沢に出るわけではないから、貧困に結びついてしまうこともある。

「だから私、彼とともに政治の本質を歩いていると思う。国会議員の一番の仕事は何かを教えてくれるよね」

障害や医療とリアルに向き合う日々のなかで矛盾や問題点も見えてくる。16年の通常国会では、医療的ケア児の法律を成立させた。ほかにも、発達障害、養子縁組あっせん、女性国会議員を増やすための理念法など、まさに自分の体験がもとになった法案を多く手掛ける。18年1月には、総務相としてのフィリピン出張に、夫一人では子どもの面倒を見るのが難しいからと夫と子どもを自費で同行させた。

本当の政治の役割

今、朝5時過ぎに起きて、長男の食事を用意し、お風呂に入って本を読む。もともと本が大好きだが、これが大事な一人の時間だ。

長男が起きてきて、食事をしてトイレをして身仕度をして……、小学校に長男を送り出す。送り迎えは、時間が比較的自由になる夫が主に担っている。夫が頼りだ。病院に行ったり、リハビリに通ったり、急に熱を出したら学校にお迎えにも行かなければならない。

夜の過ごし方も一変した。政治家は夜の付き合いもまた仕事のうちだ。以前は、1次会だけでは飽き足らず、2次会でカラオケ、さらに3次会……と、午前様が当たり前。でも今は、1次会だけで9時半には必ず帰る。

「一日の終わりに彼を見たくって。そうしないと、人間としてルーズな気がするの。カラオケよりも、息子のほうが面白いもん」

家族の時間を大切にして、年に何回かは家族で旅行にも出かけるようにしている。

「彼女は強くなったと思う」と夫は言う。

政治の役割について再考させてくれた長男と暮らして、今、その彼が生きていく日本の未来をどう描いているのか。

「もう、強い日本をめざさなくっていいんじゃないかと思う。人口減で、かつての高度経済成長みたいなことはありえない。でも、男性たちはその幻影を今でも追っているよね。その同じ流れだと思うんだけど、今までは国家が国民を引っ張っているところがあった。そうじゃなくて、国民をもっと自由にしてあげたらいいと思う。それがダイバーシティじゃないかな。社会の規制緩和というか」

たとえば、家族の在り方だ。

12年に作成された自民党の憲法草案では「家族は助け合わなければならない」と規定する。彼女の考え方は、似ているようでちょっと違う。

「家族はもちろん大事にするけど、家族の在り方を国が決めないっていうことだよね」

夫婦別姓や、養子縁組や、ＬＧＢＴ（性的少数者）……。どういう家族でも自由であるべきではないか。その自由を支えるための政策を国が行うのが構造改革ではないのかと思っている。

16年に「保育園落ちた」のブログが騒動になった。

「あれも、幼児教育を義務化すればすぐ解決できると思う。自民党や政府は口先では女性の活躍とか言いながら、表面だけだったことがばれちゃった。ＳＮＳというのは多くが匿名だっていう常識も、自民党の国会議員はわかっていないしね。心の中では男の人たちは『女性政策なんてうざいな』って思ってるよ。自分たちにはわからないことだから。困ってないし。現場感覚がない」

でも、と続ける。

「10年前、20年前の自民党は、女性のことを政策の話題にすることすらタブーだったんだから。それを嘘でもペラペラ言うようになっただけ、前進だと思わないと。男性も女性も、子どもがいても働けるような、そういう社会をつくるための環境を整備していきたい」

ただ、今の若い世代の女性のなかには、養われたい、専業主婦になりたいという声もある。

「養ってもらうなんて、幻想だと思う。むしろ、誰かを養う快楽を身につけてほしい」

政治家というのはもともと人に奉仕する職業だが、彼女は長男を得て、さらに人のために役立つ喜びというのを肌で知った。息子というフィルターを通じて、その先に政治を必要としている人たちを見ることができるようになった。今、「ジブンゴト」として政治をやっている、立法をしている実感があり、充実感もある。

彼女が取り組む女性国会議員を増やすための法案もその流れのなかにある。

「多様な価値観を持つ人が増えれば政治も変わるでしょう。ずっとその信念を持っている。女性国会議員を増やすためにはクオータ制を導入したらいいと思う」

クオータ制とは立候補者や議員の一定数を女性に割り当てる方式だ。女性議員には、苦労して当選してきたという自負のあまり、女性を応援するような政策は逆差別だとアレルギー反応めいたものを起こす人もいる。彼女は、それは違う、とはっきり言う。

「私たちが国会議員になれたのは、たまたま運がよかったから。選挙に出たタイミングとか、そのときの政治状況、選挙区事情とか。男性だってそう。男であるということでも

う、女性よりも政治家になるという意味では有利だから。男ということが幸運だったということ」

だから運が少ない人たちの後押しをするためにクオータ制が必要なのだという。

「同じ努力をしたって当選しない人はいる。私は、安倍首相としゃべったときにああ同じだなと思ったのは、『僕が総理になったのは運が強いから』って言ったの。私も国会議員をやっているのは運がよかったから」

負けて勝ちをとる

政治に権力闘争はつきものだが、彼女も幾多の権力闘争をたたかってきている。彼女の闘争スタイルは、自身の表現を借りれば「負けて勝ちをとってきている」。

「ことごとく負けているけど、自分としては果実を得ているから、勝ってるんじゃないかって。転んでもただでは起きないというか。今、私がある種、特別に見られているのは、あの小泉さんとたたかった女だからでしょう。結果、負けているんだけど、でもその評価があるんだと思うのね。まわりが評価をつくるので」

推薦人が集まらず出られなかった15年の総裁選も、本人からするとそれと同じだったようだ。永田町内の基盤を持たない彼女が国会議員を動かすには、世論の支持をてこにするしかない。世論を利用して一気にジャンプし、都知事になったのが小池百合子氏だ。自民党からはそっぽを向かれた彼女を有権者は支持した。女性ではないが小泉純一郎元首相もそうだった。

15年の総裁選に出馬しようとした後は、人が寄りつかなくなったこともあった。

「野田聖子に近づいたら組閣でポストがもらえなくなるとか、果ては公認されなくなるとか言われて、私、孤立してた」

この話を、17年の総選挙の応援演説でネタにしてしまうのが彼女らしい。

17年夏の組閣（第3次安倍第3次改造内閣）で総務大臣となった。彼女の人気をあてこまれたのだ。当初、厚労相か少子化担当相と打診されて、総務相か外相なら受けると返事をした。「だって、自分がやりたいのがその二つだったから」。そして総務相となり、再び表舞台に躍り出た。とっさの決断力と判断力は天性のもので、政治家に必要な資質だ。

古賀誠氏にひきたてられ、古賀自民党幹事長のもと筆頭副幹事長を務め、ポスト小泉などと言われていた頃もあった。それは、女で若いからという要素が大きかったように思え

る。今も結局、女だからと起用され、あの頃と同じではないのだろうかと聞いた。

「違う。昔は、（将来の総理大臣候補というのは）ファンタジーの世界」

では今は？

「ありかも、って。だから、保険をかけておこうと近づいてくる人たちがいるよ。おべんちゃらではなくてまじめにね。一軍に入った感じがある。リアルになった」

彼女は今、18年9月の総裁選に本気で挑む気でいる。「リアル」にするには推薦人を20人集めなければいけない。それができなければ「言うだけ」になってしまう。2回続けてそうなれば、3回目の可能性は限りなく低くなるだろう。

朝日新聞が18年3月に実施した世論調査によると、自民党総裁選で候補と目される4人のうち、次の自民党総裁にふさわしいのは誰かと尋ねたところ、安倍首相が24％、「この中にはいない」が35％、石破茂《いしばしげる》氏が22％、野田聖子氏は5％だった。まだまだ国民から首相候補として本格的な支持を集めているとはいえない。

苦労しながらもキャリアを積み続け、家庭も築いた。ただ、企業で考えても役員になるのと社長になるのとでは全然違う。女性が権力闘争を勝ち抜いてトップに就《つ》けるか。政策だって、首相をめざすならば女性や子ども向けのものだけではなく、外交・安保や財政、通商政策など必須だ。そのための勉強はできているのか。あるいは、ブレーンを使いこなすことができるのか。女性がトップをめざすことをリアルにできるか。勝負の時はあともう少しでやってくる。

キャリアを積んできた女性は、彼女のように周囲を気にせず、不器用にただ愚直なまでに一直線にシンプルにやってきた女性ばかりではない。それはむしろ少数派かもしれない。周りからどう見られるかに常に気をつけ、それを念頭に置きながら自分を売り込む「マーケティング」的な生き方をしてきた女性も多い。次は、それを政治で実践している人だ。そう、小池百合子、東京都知事である。

小池百合子

不死鳥のような人生

マーケティングの申し子

自分がどう見られているか。どう売り込んだらいいのか。戦略的に、マーケティング的に考えて行動をとるキャリア女性も多いだろう。実際、企業のマーケティングや広報担当部署にも女性が多い。そうした行動は一歩間違えると嫌みになりかねないが、しかしそれを政治の世界で実践して成功を収めてきた女性がいる。

小池百合子氏である。彼女を理解するキーワードが「マーケティング」だ。

２０１７年７月に都議選で都民ファーストの会が大勝した直後に出した自著『希望の政治』でも「ビジネスでも政治でも『マーケティング目線』が大切です。私はマーケティングの感覚を大事にしており、『マーケティング戦略』のビジネス書も好んで目を通します。そこでよく書かれているのは、『自分がどう思うか』だけではなく（中略）『周囲の環境から考えてどう判断されるか』が重要なのです」と強調している。

彼女が政治でマーケティングを常に念頭に置いているのは、日本新党で参院選に初当選を果たした１９９２年からの一貫した姿勢である。日本新党はメディア、ファジー、マーケティングの三つをキーワードに、売り物は候補者、有権者は消費者と見立てて政策をたてていた。07年に出した著書『小池式コンセプト・ノート』（ビジネス社）でも、マーケティングが重要であることを強調し、自分がマーケティングを独学で猛勉強してきたことをつづっている。

確かに政治とは候補者を有権者に売り込んで選挙を勝ち、国民に政策への理解を求めていくものだ。そして、人の前に出て、人の心をひきつける仕事である。「この人に託したい」と思わせ、支持を集めなければならない。素のままの人間力で勝負できればいいが、まさに「見せ方」も重要なわけだ。

ある意味、女優やアイドルにも似て、自らの虚像をつくり出すことにたけていてこそプロである。キャスター出身の彼女はマーケティングを意識し、自己プロデュース力、自分をどう見せるかにたけている。演出家兼女優といっていいかもしれない。これを意識し、成功してきた女性政治家は少ない。女性男性に関係なく、政治家では彼女がとびぬけているかもしれない。

けれども、マーケティングが先走ると、候補者や政策という商品そのものの中身よりも、どう見せるかというわべ、うわっつらだけ飾り立てることにもなりかねない。それが、「彼女には国家観が見えない」（彼女と30年以上の付き合いがある奥谷禮子《おくたにれいこ》・ザ・アール会長）という批判につながるのではないか。ある知人は彼女を「本音がわからない人」と評した。うわべが何枚もあって、その奥底に隠れた本心は見えない、ということだろう。

彼女は都知事として、さらに新党を結成して国政を左右するかもしれない人物として17年にもっとも注目を集めた政治家だ。華があり、戦略的で、ケンカもうまい。勉強家で、努力家でもある。人の目をひきつけるのにたけている。

が……結局、17年の総選挙ではそれが上滑りした。希望の党と民進党の合流に際して、「排除いたします」と高らかに宣言、それがきっかけとなり、希望の党は惨敗した。自分でも「おごりがあった」と振り返った。

彼女はこれからどうなるのか。

これまでにも、もう終わりと思われたことが何度もあった。小沢一郎《おざわいちろう》氏と別れて自由党から保守党に移ったとき、いつの間にか自民党に入党していたとき。しかしそのたびに不死鳥のようによみがえって存在感を示してきた。

戦略家はこうして生まれた

彼女がこのような戦略家になったのには、彼女自身が「ユニークな家庭」と語る生い立ちと両親、それから若いときのエジプト留学が大きな影響を与えているように見える。

1952年に兵庫県の芦屋市で生まれた。父は貿易商で、政治が大好き、社会問題や世界政治について説いた。だから、母にお小遣いを倍にしてほしいと言うときは、池田《いけだ》勇人《はやと》元首相の「所得倍増計画」を持ち出して交渉するような少女だった。

彼女によれば、父母ともに、「人の真似はするな」と説いたという。

「人の真似はするな、人と同じことはするな、人と同じことをするのは恥だとか。自立だとかベンチャー、そういったことをよく教えてくれて、人と同じことをしているから安心だと思ったら大間違いだとよく言っていましたね」

同調圧力の高いこの日本社会で、しかも女性の生き方が今よりはるかに限られていた時代である。彼女の言うとおり、相当ユニークな家庭で、そこで彼女の人間性が培われたのは納得できるだろう。

母は、自分で生きなさい、と中学の頃から言っていた。

「母は危機管理が大変行き届いた人。何があっても大丈夫なように、みずからの足で立ちなさいって」

実際、その言葉を母は自分でも実践して、後にカイロで日本料理屋を始めた。

「芦屋の専業主婦だった人が、ですよ」

子どもの頃、ガールスカウト活動をやっていて、そのモットーが「備えよ、常に」だった。母の教えと共通する。彼女にとって、「備えよ、常に」は今もモットーだそうだ。

中学から私立の甲南女子へ進む。ソフトボール部に入り、ピッチャーを務めた。「得意球は押し出しのフォアボールというくらい、コントロールはあまりよくなかったけど、(球は)速かったと思います」。高校に入ってからは英語を学びたくてＥＳＳに転部。英語劇のプロデュースをした。シナリオを書き、キャストを選んで監督もやった。マーケティングのみならず、彼女を見ていると、一から企画を練り、舞台設定を考えて世の中に打ち出していくプロデュース力があると思わされることが多い。たとえば、クールビズは彼女が環境相時代に考案してここまで定着したし、自民党時代には郵政解散のときに刺客一番乗りをして名を揚げたし、都知事選に出て、自民党に一人立ち向かう図式を強調して勝利に至った選挙もそうだろう。そのルーツはここにあった。

中学のときの愛読書は小田《おだ》実《まこと》氏の『何でも見てやろう』だそうである。小田氏は辻元清美氏にも大きな影響を与えている。あの世代（といっても、小池氏と辻元氏は8歳離れているが）の若者に多大な影響を与えたが、彼によってパワフルな女性政治家が2人、誕生していることになる。

彼女の父は石原慎太郎《いしはらしんたろう》氏が参院選に出馬したときに関西の選対本部長になった。彼女が17歳のときには自ら兵庫2区から出馬するものの、自民党の公認が得られず惨敗する。

「選挙というのは、結局、人様に支えられるものであるとわかりました。父は、電信柱にも頭を下げるんだって笑って言ってましたけど。知らない人たちがずっとうちにいて、よくわけがわからないまま決まるものなんだなという感じ」

選挙では、切手貼りや宛名書きを手伝った。

「どうすれば切手が横を向かないように貼れるか、とか一生懸命やって。上手ですよ」

かつて朝日新聞のインタビューで、父について彼女はこう語っている。

「天下国家を優先し、自分や家族は後回しです。でも人助けには全力を尽くす人。三島由《みしまゆ》

紀夫《きお》の『楯の会』の人たちの世話や、当時の石原慎太郎氏の活動を熱心に支援しました。あげくに69年には、衆院選に出馬。私は『よせばいいのに』と、しらけて見ていました。選挙活動ではアルジェリア情勢とか遠い話ばかりして、見事に落選。そのあとも事業はそっちのけで、国家優先。結局、事業も失敗し、家屋敷も取られ、借金だけが残りました。おかげで私は親を当てにせず、自立が早かった」

17歳という年齢で選挙や国家について考えざるを得なかった。ただでさえ多感なときに、否応なく社会や将来について向き合ったわけだ。この頃、作文で「私は政治が好きです。いつか社会改革を起こしてみたい」と書いた。選挙そのものは「自分以外の選挙は好き」だと、今も彼女は言う。子どもの頃から、選挙速報が好きだった。

「どこそこで誰が立候補し、得票がどうで、とか。だって、面白いじゃないですか、リアルタイムで見ていて」

アラビア語に出会ったのもその頃だ。高校2年生のときに、国連の公用語についての情報をたまたま目にした。英語、仏語、スペイン語、ロシア語、中国語のほかに、世界で通用する言葉の勢力を示したグラフがあった。

「ひとつだけ鯉の滝登りのようにキュンと右上がりになった言語があった」（自著『振り

袖、ピラミッドを登る』〈小社、82年〉より）。それがアラビア語だったのだ。「石油の取り引きをしていた父は、私が小学生の頃から、『一九八〇年代はアラブが世界の中心だぞ』と繰り返し口にしていた」（同）。

「父の書棚に『中東・北アフリカ年鑑』という本があって。私もそれをたまに眺めたりしていて、アラブは遠い世界ではなかったんです」

「人の真似はするな」「自分で生きなさい」という父と母の教えがぴったり「アラブ」で合致した。

71年、いったん関西学院大学に進学するものの、半年足らずで辞めてエジプト・カイロへ渡る。甲南女子では、そのまま甲南女子大学に行くことが（そしてたぶん、卒業していい家にお嫁に行くことが）「甲南漬け」と呼ばれ、一般的なルートだが、彼女はほかの大学に行って、さらにもっと遠くへ行ったわけだ。

「みんな、あらあらと思って見ていたと思いますけどね」

しかし、あの時代のエジプトといえば、日本ではほとんど情報はないに等しかった。今回の知事選出馬ではないが、崖から飛び降りるような覚悟と気合、勇気が必要だったのではないか。そう問うと、嫣然《えんぜん》とした余裕の笑み（希望の党の代表就任を表明し「リセットいたし

ます」と言ったときと同じものだ）を浮かべてこう言った。

「あまり勇気とも思っていなくて。それは1ページ目を切り開くための、最初のページだと思っていたところがありましたし。親は心配するどころか、背中をぽんと押す感じで。非常にユニークな家庭だったので、アラブの国へ行くことは隣の国へ行くぐらいの感じでしたね」

ちなみに彼女がエジプトに行ったときに、家族と一緒にと書いてある記事も多いが、本人によれば、それは間違いだそうだ。

「父はそれまでも出張でよく行っていましたが、私は自分で行って、最初は下宿をして、それからホステルというアメリカ大学の寮に入って、あとは友達とルームシェアをしたり、結婚をしたりということなんですね。私が日本に帰ってきてから父と母が行くんです。私が帰って2年後か3年後ですね」

彼女が日本に戻ってから家の経済状況が悪化し、そして入れ代わるように両親がエジプトに行ったのだそうである。彼女が結婚した相手は日本人の留学生だが、ほどなく離婚をしている。

アラビア語を身につけ国際政治の現実を学んでカイロ大学を卒業した。5年を過ごして日本に戻る。この間、第4次中東戦争が起きたが、アラブ諸国を旅行して回った。このときの思い出話は著書『振り袖、ピラミッドを登る』に詳しい。初々しく、かつしっかりとした観察眼で率直にイスラム圏での日々をつづっている。その頃は今よりも中東がまだまだ遠い時代である。イスラム文化や風俗の体験、おしゃれや恋愛事情、脱毛の話からパレスチナとイスラエルの紛争を肌で実感したエピソードまで盛り込まれている。乗るはずだった飛行機が領空侵犯で撃墜されたことや、ほかにも乗るはずだった飛行機がタイで着陸に失敗して全員死亡したこともある、ともつづっている。

「普通の感覚」を持つ政治家

76年に帰国後は、アラブの要人の取材コーディネーターやアラビア語通訳の仕事をする。リビアのカダフィ大佐、パレスチナ解放機構のアラファト議長との会見も実現させた。79年からは評論家の竹村健一《たけむらけんいち》氏のテレビ番組「世相講談」のアシスタントを務めて人気を得、キャリアを積み上げていく。85年にはテレビ東京の「株式ニュース」でキャスターとなり、経営者にインタビューする「トップ登場」も同局で始まった。88年には、今に

竹村健一氏との「世相講談」収録現場（写真:共同通信）

続く同局「ワールドビジネスサテライト」の初代キャスターに就任する。

この「トップ登場」という番組で多くの経営者に会ったことが、非常に勉強になったという。

「300名以上の経営者に会って、この人たちの話を聞くのが本当に楽しかったですね。いろいろな人生があってね。番組に出てくるくらいですから成功しているわけですね。でも、そんな方でも最初のきっかけは、本当に小さなところからスタートして、そして上場企業になるといった話で」

先ほど書いたように、自立的な生き方をしなさいと教育されたせいか、特に創業者の話を聞くのが大好きだったという。

「自分に技術があって、考えがあって、それをいくらでつくって誰を雇ってという、こういうものがすべてマーケティングそのものです。そうやって経営の厳しさや楽しさを学びました」

92年、細川護熙《ほそかわもりひろ》氏が旗揚げした日本新党から参院選に出馬し、当選した彼女は翌年の衆院選には父がかつて惨敗した兵庫２区から出馬して当選を果たす。以降、新進党、自由党、保守党を経て、自民党へとたどりつくのである。

政治家は「先生」と呼ばれることが多いが、当選当初から、事務所には「当室では『先生』禁句。あしからず」という紙が貼ってあった。破った場合の罰金は５００円だった。

メディアに対する受け答え、瞬時の判断力、説明能力は、キャスター時代に鍛えただけあって、ぴか一である。絶句したり、言い直したりすることは、まずない。ある官僚に「記者会見は、どんな質問でも瞬時に考えをまとめるの」と言ったそうである。

が、サルも木から落ちる。17年の「排除」発言では、おごりや慢心がその瞬時の判断力を狂わせた。

幅広いネットワークを持つが、基本的に政策の方向、戦略はすべて自分で考え、まとめ

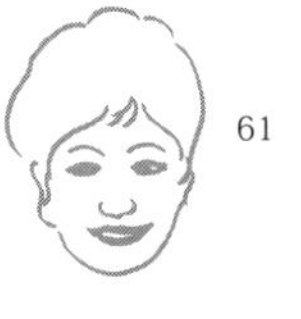

る。勉強家である。「いったいいつ勉強しているのだろう？」と、周囲をいつも驚かせていた。

政治を見る力、流れを読む力にもたけていて、文藝春秋08年1月号に「小沢一郎と小泉純一郎を斬る」という文章を寄せている。この2人の政治家を軸に、92年に自分が政治家になってからの日本政治の流れを評論している。これに対して評論家の立花隆《たちばなたかし》氏が「自民党の長老たちよりずっと巧みに政治の流れを読む人であり、今後も、そのような政治家として独自の政治勢力をかかえ日本の政治を面白くしていく人だろうと私は思っている」と絶賛しているほどだ。

権力の流れを読む力

2000年から01年にかけての頃、筆者はほぼ毎日、議員宿舎に通っていた。政治記者によくある取材の一つで、議員宿舎を朝出て、夜帰る政治家をつかまえて話を聞くためだ。小渕恵三首相が倒れて森喜朗《もりよしろう》首相となり、やがて01年に小泉純一郎首相が誕生する頃である。

当時彼女は小沢氏と別れて保守党にいた。何度か宿舎で見かけたことがあるが、その頃の彼女には声をかける記者もいない。ああこの人はこれまでいろいろ渡り歩いてきたけれど、政治家としてこれからどうするのかなあと思いながらいつも会釈だけしていたのだが、よく覚えているのはスタイルが抜群だったことだ。週末、地元と往復なのか、キャリーバッグを転がしながら行く膝丈のタイトスカートからすらっと伸びている脚のラインがとてもきれいだった。彼女はそのとき40代も終わりくらいだったが、その脚線美に、筆者の頭には年をとらない「化け物」という単語が浮かんだのだった。

その後の復活はめざましかった。議員宿舎で見かけた尾羽打ち枯らしたような姿からすると考えられない。いつのまにか自民党に入っていて、03年小泉内閣で環境大臣に就任、クールビズを提唱し、今や日本語として定着した。環境税の導入を提唱し、経済界からは反対の大合唱だったが、議論の俎上《そじょう》には残った。それまで無視され続けてきた歴史からすれば、大きな前進だった。

さらに、05年の郵政解散では刺客1号に名乗りを上げて東京の選挙区に転身した。このときは大風が吹いたが、その後地道に地元を歩いた。

「あの華やかな人が、よくこれだけのどぶ板をする」と、99年から地元の豊島区長を5期

務める高野之夫《たかのゆきお》氏は語る。

06年、第1次安倍政権が発足すると、首相側近として国家安全保障問題担当の補佐官に任命された。07年には防衛相就任。直後に訪米した小池氏は講演で、当時国務長官を務めていたコンドリーザ・ライス氏を引き合いに出して、「私を日本のライスと呼ぶ人もいる。私をマダム・スシと呼んではいかがでしょうか」などと話して華やかな話題をふりまいた。が、防衛省では大物事務次官だった守屋武昌《もりやたけまさ》氏の首を切るのに懸命になる。守屋氏は退任するが（後に逮捕、収賄で有罪判決）、小池氏も自分の就任前のイージス艦機密漏洩の責任を取ると言って、2ヵ月もしないでさっさと辞めてしまうのである。誰も責任を取っていないから、と言うが、守屋氏の退任騒動で役所内が大混乱してにっちもさっちもいかなくなり、投げ出したようにも見えた。

その後福田康夫首相が辞任すると、08年には自民党の総裁選に出馬した。女性として初めてであり、麻生太郎氏、与謝野馨《よさのかおる》氏に次ぐ3位だった。

09年の政権交代がおきた総選挙では、民主党の江端貴子《えばたたかこ》氏に敗れて、比例復活となる。これは彼女にとって相当こたえたようだ。豊島区長の高野氏は「小池さんのプライドが許さなかったんだろう。さらにどぶ板に磨きがかかった。もう、まわりまくってすごかった」と話す。次から次へと人の名前を覚え、商店街や町内会をこまめに回っていたという。

高野氏は彼女が16年都知事選に出るとき、他の自民系区長が増田寛也《ますだひろや》氏支持に回るなか、小池氏を支持した。小池氏は「区長、侍ですね」とお礼を言ったという。

知事になってからも地元は大切にしており、今までの知事が顔を出したこともなかったような地域の祭りやイベントにも顔を出している。

12年、野党時代に安倍氏が再び総裁選に立候補したとき、彼女は石破茂氏を応援した。当時、安倍陣営だった人物は語る。

「最初、安倍さんを支援しようということで一番初めに開いた会合に小池さんは来ていたんだ。だけど、そのとき人数が少なかったのを見ると、次回から来なくなった」

だが、このときは安倍氏が当選した。風を見誤った彼女は、無役となる。この間、ある知人に彼女は「(石破氏をかついだから)今は干されてるの。今度は自分でやるわ」と語っている。

その間にも独自にいろいろと活動している。

シリア難民が問題となっており、寄付サイトと連携してトルコとシリアの国境地域に学

校を建設した。省エネ効果の高いＬＥＤ電球を普及させようと党にＬＥＤ普及促進議連を立ち上げ、市街地の電柱や電線を地中化する「無電柱化」にも取り組んだ。議員立法で無電柱化推進法をつくり、16年に施行された。法案化にともに取り組んだ議員の一人が語る。

「それまで遠くから見ていたときは、政党をあれこれ乗り換えてずるいところのある人かと思っていた。一緒に仕事をして、見方が変わった。一つ一つの判断がはっきりしていて、決断力がある。即断即決という感じ。ストレートで腹が据わっている」

自民党の「『女性が暮らしやすい国は、みんなにとっていい国だ』特命委員会」委員長に就き、女性が活躍している企業を優遇するダイバーシティ促進購入法案や、女性候補や女性議員の比率に応じて政党交付金を傾斜配分する政党助成法の改正案などをまとめた。第２次安倍政権が誕生して、取り入れられたものもある。

「今に生きているでしょう？」と、彼女は笑うのである。

確かに、アイデア豊富でいろいろなことに手を出し、一定の成果は上げている。

都知事選出馬

15年に安倍首相一強のなか、野田聖子氏が総裁選出馬の動きを見せたとき、彼女は応援した。国会の本会議場で「推薦人、集まった？　私、なってあげる。応援するよ」と野田氏に声をかけた。

そして自分自身も都知事選で勝負をかけた。

16年4月以降、舛添《ますぞえ》要一《よういち》都知事（当時）の政治資金私的流用などが大問題となり、辞任間近と思われていたときに、ある会合で一緒になった関係者がいた。「都知事選に出ないんですか」と尋ねたところ、「私は自民党から選ばれることはないと思うな」と、サバサバした様子で語っていたという。

都知事選に出馬表明した記者会見の後、ある関係者が「がんばってください」とメールを送ったところ、こんな返信があった。

「地獄も待っているからこそやりがいあり。がんばろう」

負け戦はしない

　彼女に自分を分析してもらった。政治家としての強みは「発想力」だという。

「人と違うことを考えるから発想なのであって、普通の、凡庸な考え方は発想と言いませんね。いつも言っていることは鳥の目、虫の目、魚の目の三つ。鳥は、鳥瞰図というか、全体を見ると、一人のちっぽけな自分が見えます。すると、迷ったり、嫌だなと思ったりすることが日々あっても、全体を俯瞰するとちっぽけなことで、それは何の苦にもなりません。全体を見ると、日本という国を客観視して見ることができる」

　対照的に、虫の目というのは非常にミクロな視点のことで、これまでの政策でいえば、鳥の目は地球温暖化対策で、虫の目はピンポイントでノーネクタイなのだという。

「魚の目は、魚群探知機で群れているのがわかるでしょ。自分自身が群れるということではありません。魚は潮の流れを見たり、プランクトンが多いとか、そういったことで流れを見る。この三つの目を持っていることで、マーケティングができる」

　政治家としてもっとも大事なことは？

「何のための、誰のための政治家か、いつも肝に銘じることですね」

　自分の人生のマーケティングとはどういうことなのだろう。

「客観的に言って、20代は『かわいい』とか何とかでちやほやされ、30代になるとそれから表現がちょっと変わり、という話で。私はアナウンサーでも、テレビ局の社員でもありませんでしたけれど、時々、女子アナが年齢を理由に番組をおろされて裁判になったりしたことに関心を持ちましたね。客観的に鳥の目で見ると、置かれている位置が変わるわけですね。それから女性ですから、結婚や、出産の時期など、いろいろあるわけで。私はそれを人生マーケティングと呼んでいます。女性の講演会に呼ばれたらそんな話をするんです。10代、20代は栄養をつけて何でもやってみる。かわいいね、若いねと言われているうちに、いかに自分にスキルをつけるか。そこからが本当の勝負。30代、40代になって、『あなたがいないと困る』と言われるようなオンリーワンになるということですね」

　よく、決断力があると言われるが。

「決断せずに、やらなかったことを後悔するのが嫌だから。『あのとき、ああすればよかった』というのが実はいっぱいあるんですよ。あとは孫子の兵法でしょうか。孫子の兵法の肝の部分は、『負ける戦はしない』ということです。これがポイントかな」

負ける戦はしない。戦をするからには、勝つ。

しかし、17年10月の総選挙では負けた。

17年の3月、NHKの「あさイチ」に出たときのことだ。傷つくことがあるのでは？という質問には「うじうじやっていても、エネルギーの無駄だと思っているので。そういうときもあるよね、とどちらかといえば全部ポジティブに乗り越えちゃうので。これも自分の肥やしと思えば。達観してるでしょ？　人生いいですよ、ポジティブだと。ネガティブに考えていても何ら答えは出てこないわけで、それより前に進んだほうがいいと思ってる」と答えている。

これだ。根拠のない楽観主義、自己肯定感。成功する女性政治家はみな、これを持っている。何であっても成功するにはこの自己肯定感が大事なのだろう。さらに「女の嫉妬より男の嫉妬のほうが怖いですよ。男同士の嫉妬は国だって滅ぼすほどだから。嫉妬を女偏にしないでほしい」と続けて言った。

確かに、男の嫉妬は恐ろしい。でも、もし女が政治の主役になったら女同士の嫉妬が国を滅ぼすかもしれない。それよりも、男の嫉妬が女に向かってくるときが恐ろしいのではないだろうか。それまで男同士の間でさんざん対立して足を引っ張り合ってきたのに、対女というだけで、それまでの立場を超えて男が連携して女に向かってくるのだ。それが男の嫉妬の恐ろしさのように筆者には思える。そして、彼女もそれを経験しているのではないかと。

ごく若い頃に離婚を経験して以来、独身を貫いているが、「あさイチ」で有働《うどう》由美子《ゆみこ》アナに「恋愛は？」と聞かれると「もっと面白いことがあるから」とかわした。

女性が政治から遠いのは、なぜ？

なぜ政治の場に女性が少ないのかと彼女に聞いてみた。

「手を挙げる人をもっと増やす。もっと鍛える。ただ上にかわいがられるタイプではなくて、ばんばんと発信、発想し、実績を重ねることだと思いますね」

しかし、手を挙げる人はなかなか増えないが。

「悲惨な例をたくさん見ているからじゃないですか。よくあるじゃないですか。『管理職になりたいですか』というアンケートをとると、7割が嫌だという。これは、みんな先輩

の管理職が苦労をしているのを見ているからですよ。だけど、男の管理職はどうかというと、これも悲惨な目にあっていますね。だから、全体で変える。クールビズと一緒。せえの、で変えるんです」

自分は「悲惨な例」にはならないでいられるのか。1952年生まれだが、彼女を長く知る人によれば、自分の年齢は常に念頭にあるのだという。だから、都知事選のときに石原慎太郎氏に「大年増《おおどしま》」と言われて、燃え上がったのだと。

彼女は目標を立てるのが好きで、それに向かって邁進《まいしん》する。そして、達成できたら必ず儀式をすることにしている。

たとえば、カイロ大学で勉強に励み、卒業できたときには、ピラミッドに着物をかついで登り、上で着てお茶を点てた。自民党が野党のときは与党に戻るまで髪の毛を切らないと決め、政権復帰を果たした後には断髪式をした（そしてそれをマスコミの前で披露した）。ちなみにこのときを除き、髪の毛はショートカットが多い（初当選時はボブだった）が、その理由は「ロングヘアだと、ヘアセットに時間がかかるからだ。私にはそれが耐えられないのだ。ショートとロングでは、一生に費やす時間が一ヶ月分は違うと、勝手な計算をはじき出したこともある」（自著『女子の本懐』〈文春新書、07年〉より）。

16年８月21日リオオリンピック閉会式で登場。JIMPA（日本雑誌協会代表撮影）

都議選では都民ファーストの会の勝利を祈ってお酒を断ち、圧勝した投開票日の夜には家で祝杯を挙げた。

今は都知事に専念している。希望の党は特別顧問になってはいるが、遠目に見ているだけのようだ。都知事として築地市場の移転や待機児童問題、高齢者の働く場づくりなどに取り組んでいる。

彼女の今の目標は何だろう。都知事の役割を果たすことだけだろうか。

残された時間はそう長くはない。政治生命を逆算すると、国政の中央舞台に復活できるかぎりぎりの瀬戸際のようにも思える。彼女が力を注ぐ2020年の東京五輪まで知事を続ければ、年齢的に国政復帰は難しい。だが、国政への野望を失ったままで終わるようには思えない。脚線美に衰えは見られない。失礼ながら、いろいろな意味で、ますます「化け物」度が増しているように思われる。

不死鳥はまたよみがえることができるのか。


愚直な一直線と、戦略的マーケッターの、対照的な女性政治家2人を見てきたところで、世代をぐっと若くして、今どきの女性政治家を見てみたい。まさに、ニュータイプと言っていいだろう。

山尾志桜里

母だから
できること

女性政治家はモテない

女性政治家を見る視点として、女性の共感を得られるかどうか、そして男性の視線をどのくらい気にするのかということがあると先に述べた。政界は男性中心の社会だから、本質的な中身で勝負しようとせず、男に媚びたりマスコット的な存在でいたりすることで、居場所を見つけようとする（または与えられる）女性政治家が目立つ。

もちろん実社会でもそういう女性は見られるが、権力闘争という人間の本性が身も蓋もなく姿を現す場ではよりそれが極大化する。男性の視線をどのくらい気にするか、ということは、「モテ」るかどうかにもつながる。男性の視線を気にする＝モテたい、からだ。もちろんモテたくない女性は少ないだろうけれども、程度の問題であって、同性から嫌われるかどうかの大きな分かれ目のように思える。

女性の共感を得られて、かつ媚びなくても自然にモテる。かつては女性政治家にはこの二つの両立がなかなか難しかったように見えるが、世代が下がってくるとこの二つを両立できるようになってきた。そのモデルがこの人、山尾志桜里氏だ。現在子育て世代で自分の政策としても子育てを取り上げ、女性から支持されている。一方で、男性からもモテそうである。

今のところ稀有な存在だが、今後は女性政治家だってそんなふうに生きられるのかもしれない。彼女は2017年、大きな波に翻弄された。政治家として今後大成するか、今、岐路《きろ》にいる。


彼女は1974年に仙台で生まれた。父は研究者だったが医学部受験を志し、家族とともに東京の荏原中延《えばらなかのぶ》の風呂なしアパートに引っ越した。彼女が小学校に入学した年に父親も医学部に入学を果たす。小学校は受験して私立に通った。

「父は医学部に通いながら予備校でバイトをしていて、生活は楽ではなかったです。でも、教育熱心だったと思います。小学校のときに通っていた英語教室で、英語で『アニー』を演じて、アニーが大好きになって」

小5のときにミュージカル『アニー』のオーディションがあると聞いて応募、見事アニー役に選ばれる。中学受験に向け塾にも通っていたが、母親と約束してレッスンと両立させた。

「死に物狂いで勉強して合格しました。一度目標を決めたら頑張るたちなので」

私立の女子校にも受かったが、芸能活動が許されている国立に通った。

「なのに、自分の目標は何だろう、ともやもやしてしまって」

このもやもやはかなりのもので、悩める10代だったようだ。テレビや映画にも出たりしたが、舞台ほどの楽しさはない。

「アニーのときは自分だからやれたんだ、という気持ちがあったけど、ほかのチャレンジはそう思えなかった」

10代の挫折から別の道へ

筆者の私見だが、ここで彼女は相当の挫折を味わったのではないか。せっかく芸能活動が許されている学校に行ったのに、芸能界では自分は大成しない、そう感じたのではないか。将来について相当悶々《もんもん》として、自分探しをしたのだろう。迷える女子高生は、やりたいことを見つけたいと、なんと東京地裁の法廷に行ってみた。

なんでまた法廷？

「自分が興味のあるものって何だろうって思ったとき、元検事の書いた本とか死刑についての加賀乙彦《かがおとひこ》さんの本とかそういうものが好きでずっと読んでいたので。被害者とともに泣く検察とか、そういう言葉を覚えていたので、裁判を見てみたいと思ったんです」

裁判中だったのは強盗致傷事件だったが、被告は手錠をはめて出てきた。衝撃だった。

「今から思えば、かっこいい検事もそうでない検事もいるなかで、その事件はなかなかカッコいい検事に見えたんですね。ものを言えない人、被害者の代わりになって、声を上げられない人の代わりに伝えるという仕事にしびれたというか」

そして検事をめざして東大を受けた。前期試験では落ちて、英語と小論文の後期で受かる。筆者の見聞の範囲ではあるが、東大に後期で受かりましたという人を見ると、概してああなるほどと納得できる場合が多い。ちゃんと個性派が受かっているのである。

彼女は東大しか受けなかった。司法試験のときもそうで、就活もしなかった。いつも一本道だ。

「家訓というか、基本的に安全パイみたいな、逃げ道みたいなものはつくらないというふうに育てられたので」

サークルは体育会男子ラクロス部のマネジャー。ちなみに、政治家となった後、16年に

民進党が草野球チームを結成したときもマネジャーとなった（民進が分裂した後も、民進、希望、立憲民主の3党が集まってチームは続いている）。

「私の中には、自分が前に出たいという気持ちと、後方で支えたいという気持ちの両方があるんです」

といってもラクロス部は体育会の中では派手で、彼女自身も「アニーが東大に入った！」などとマスコミに取り上げられることもあり、言ってしまえばキラキラ生活だ。

「なんかそういうキラキラした楽しさに半分うんざりしていた」せいもあってか、バイトはウエイトレスだった。東大生のバイトといえば家庭教師に塾講師である。それがなぜ待遇がいいわけでもないウエイトレスなのだろう。

「体を動かして、お客さんにサーブする。それが楽でいられて自分らしくいられたんです」

3年で法学部に進学してからは司法試験の勉強である。ところが、すんなり受からなかった。02年に7回目の挑戦で受かった。

「自宅に住んで衣食住つきの甘えん坊だったわけですけど、ウエイトレスのバイトが楽しくて。自分探しという言葉は嫌いなんだけど、居場所みたいなのを探していたんでしょうね」

勉強でお尻に火がついたのは、ずっと一緒に司法浪人をしていた大親友がついに受かったからだ。司法修習を経て、04年に念願の検事に任官した。だが7年もかかって検事になったのに07年、4年弱で辞めた。民主党（当時）の衆院議員候補の公募に応じたからだ。

出馬は民主党から

検事3年目に愛知で担当したホームレス女性の殺人事件が大きな節目となった。犯人が捕まってみると、3人の中学生と1人の無職の30代男性だった。

「あどけない顔をした中学生が賽銭泥棒から始まって、万引き、ひったくり、どんどんエスカレートしていって、最後は60代のホームレスの女性を殺して小銭を奪ったんです。誰かどこかでストップできなかったのか。中学生と一緒に罪を犯した30代の男性だって、誰も相手にしてくれなかったから中学生と一緒にいた。それって悲しすぎる。被害者のホームレスの女性も、60歳も過ぎて河原に一人暮らしだなんて。通行人はみな、彼女がそこにいると目の端で知っているわけです。でも見て見ぬふりというか、その結果、こんな事件

が起きてしまった」

「自分が政治の仕事の現場に飛び込んで、解決したいという思いになったんです」

しかしなぜ民主党だったのか。それまでのエスタブリッシュメント的な歩みからいって、自民党のほうがふさわしい気もする。実際、同い年で桜蔭《おういん》中高から東大、キャリア官僚という似たような経歴を持つ豊田真由子《とよたまゆこ》氏は自民党の公募に応じている。

「理由は二つ。一つは選択肢がないのはおかしくない？　という二大政党論。自分が役に立てる場所はどこなのかと考えたときに、非自民で歯を食いしばって頑張り続ける政治家って必要だと思うんですね。そっちのほうが、役に立てるんじゃないかって。もう一つは自己責任論みたいなものに対する反発です」

当時は小泉政権末期で、自己責任論がさかんに言われていた。検事として被疑者と長机二つ分隔てて向かい合っていたが、もし生まれた環境や育ちが逆だったらこの場所も逆だったかもしれない。簡単に自己責任と言っていいのかという思いが常にあった。

赴任地に近い民主党の愛知7区の公募に応募した。愛知はトヨタをはじめとして企業労組が強くて民主党の強い地域だったが、そういうことはまったく知らなかった。途中で東京から出馬することも勧められたが、愛知を選んだ。

「政治のど素人ながら東京のほうが都会で、風の影響が強いと思って。風に吹かれる選挙はしたくなかった」からだ。せっかくなった検事を辞めて踏み込むのだから、政治を一生の仕事にしたいという思いがあった。

「そのためには、努力で結果をつかめる選挙区がよかった。私は、検事になるため、政治家になるため、アニーをやるための努力はまったくつらくなかった。これだと思ったら、こつこつ努力することはまったく苦にならないんです。要領よくなりたいとは思わない」

検事を辞めたのは、公募の最終決定が出る前だった。別の候補に公認が決まりそうだという新聞記事が出た朝、辞表を出した。もちろんそれまで職場には内緒にしていた。

「私は検察庁という組織が今でも好きだし、元の組織をきちんと辞められなければ次のステップには行けないと思ったし、あやうい最終選考の途中だったけど、自分なりに民主党に覚悟を見せようと思った」

07年の12月に候補者に内定して年明けから選挙区を歩き始めた。地方議員から「選挙活動はこうするんだ」と教わり、とにかくピンポン、家のインターホンを押しては挨拶し、ポスター貼りをお願いした。いわゆる落下傘候補で、知り合いもいない。がむしゃらにやるしかない。対立候補のポスターが貼ってある家をピンポンして「こんにちは、今度衆院

議員に立候補するんです。これを貼ってもらえませんか」「ポスターを見たでしょう、うちは無理だよ」。

無視され、冷たくされ、目の前で名刺を破られたこともある。しかし、苦にならなかった。

「だからこの仕事に向いているなと思ったんです。たとえば運動会に行って名刺を配るじゃないですか。こんなところで配るなよって破られる。そうすると、どこかで、お、チャンス、と思う自分がいた」

黙って拾う。そういう反射的にした行動が実は有権者に見られているということが、だんだんわかってきたからだ。邪慳《じゃけん》にされて嫌な思いをさせられたときにどう対応するか。「山尾さん、破られとったよ」「でも、拾ってたよ」。そんなふうに言われていた、ということが風の噂で流れてくる。

「もちろん、破らなくてもいいのに、とは思いますよ。でも、私も政治家が好きじゃないから、そりゃ、楽しい地域のお祭りで票が欲しいみたいに名刺を配られたら、嫌な気がするよね、とも思うし」

政治家とは、一挙手一投足すべてが見られる仕事である。大根一本買うのでも、夏祭りで踊るのも。

「もちろん、見られるのは窮屈ですよ。だけど見るなとは言えないし、有権者が見たもので丁半つけるのが選挙だから、わりきっていました」

民主党もいい雰囲気に包まれていた。09年の政権交代に向けて上向きのときである。選挙区でもそれは感じられた。お祭りに行くと、子どもたちがわーっと寄ってきて名刺を「僕にもちょうだい」「私にも」。大人もそれを温かく見守って、後で「私にも」と声をかけられたりした。

09年衆院選を前に、夏祭りでのショット
(写真:毎日新聞社)

公示後、選挙本番になってからは団地の前で演説をしていると窓が開いた。夜になると懐中電灯が照らされた。ペンライトのように。政権交代の熱狂ムードのなかで初当選した。民主党の新人議員は143人で、女性は26人だった。国会へやってくると「小沢ガールズ」と呼ばれた。

民主党政権の中で

急ごしらえの民主党政権は、高揚している入閣組と、そうではない閣外組であまりに落差がありすぎた。不満を抱える後者を小沢一郎幹事長が抱え込み、負のエネルギーを吸い込んで、どんどん力を巨大化させていった。モンスターのように。

彼女も小沢グループから声をかけられ、会合に顔を出すこともあった。民主党の党内グループはサークル的なものだと言われていたので、ほかのグループにも顔を出してみた。今では国会質問の常連だが、100人以上いる1年生のなかで当時は質問の機会もほとんどなかった。

「私、何をやっていたんでしょうね、という感じ。委員会の席に座っていたし、議連とか夜の会合とか、行くべきもの、呼ばれているようなものも、仕事なのかなという感じで行っていた。でも、何も知らないんだから自分にとって無駄なことはないじゃないですか。不満も感じなかった」

小沢氏はやがて党を出ていくのだが、ついていこうとはしなかった。10年の党の代表選で菅直人《かんなおと》氏と小沢氏が競ったとき、彼女は菅直人氏の推薦人に名を連ねている。

「誰か政治家についていくという発想が、私には今も一切ないです。小沢さんかどうかというのは関係なく」

「小沢ガールズ」の多くは彼と行動をともにしたが、彼女は声もかけられなかった。

「私に声をかけても、そういうタイプじゃないとわかっていたんじゃないですかね」

そんななかで民主党の支持率はずるずると下がっていく一方だった。とにかく地元に専念して、「民主党はだめだけど、私に一票をお願いします」と言うのか、東京で党内議論に参加して民主党を立て直す努力も必死にするのか。前者を選んだ議員たちも多かったが、彼女は後者を選んだ。国会議員として正しいのはそちらだと思えたからだ。「私は民主党をたたいて自分が上がることはしないと決めていたので」。

だから党内で発言はした。原発はなくすべきだ、消費税増税はすべきだ、と。

12年の選挙の風向きは、前回と正反対だった。団地で窓は閉まるわ、たまに開いたと思ったら「うるさいから、あっちへ行け」と怒鳴られるわ。原発や増税など、この国の未来

のためにやるべきことをやっていきます、民主党は二度とばらばらにはなりません。信じてください。そんな「悲しい演説」をした。しかし、聞いてくれない。耳を傾けてくれない。そして落選した。午前2時、最後の比例復活が決まるまでテレビを見守り、夜が明けるとスタッフとともに駅頭に立った。よく当選した人が「ありがとうございます」などとお礼を言っているが、あれを落選した翌朝にやった。「次、頑張ります」と言って頭を下げた。

自分でも驚くほど、立ち止まって声をかけてくれる人がいた。

「次は入れるね」「落ちると思わなかった」

今回入れてほしかったな、と思いながら、泣けてきた。

「ありがとうございます、と言いながら涙と鼻水でずるずるです」

次もやることにまったく迷いはなかった。11年に長男を出産しており、家族に頼りながらの両立の日々だった。

リアルが政治に欠けている

ここから次に当選するまでの間に、多くのことを学んだ。

「1期目のときにもっと政治家の会合ばかりでなく普通に暮らす一般の人たちと触れ合っていたら、増税しないとは言わないけれど、消費税を国民が納得してくれるという肌感覚にはならなかったと思う。増税分のほとんどは借金を返すためで、それでは説得できない。増税をするにしても、何か暮らしに返ってくるという知恵が必要だという肌感覚を持てたはずだと思う。たとえば、子育てにかかる現金をゼロにします、とかね。普通の人たちが納得してくれるラインはどこなのかということを、もっともっと議員は敏感にならないと。それは民主党政権の一つのミスだと思う。机の上の政治観みたいな、正しいことをやっていれば通じる、みたいな」

彼女が身に染みて感じているのは「通じないことは正しくない」。「普通の人の感覚ってわりと合ってる。一般の人を説得できないような政策はたいがい間違っている」ということだ。

「負担って何なのか、政治家ってわかってるのかな、って思う。一般の家庭に何が起こるかわかりますか、ってそういうリアルさが、政治一般に欠けているように思う」

14年12月の総選挙では、大手労組の電力総連の支持も断った。原発ゼロを訴えるためだ。推薦を受けて、自分の信念を言えなくなるのが嫌だった。当時の民主党には支持を受けている議員も多く、だから原発についても歯切れが悪くなることが多かった。支持を受けないことを公表するつもりはなかったが、選挙戦中に、原発ゼロを訴えながら支持は受けている二枚舌というような記事が出たために公表を決めた。

「自分のエネルギー政策をきっちり言ってプラスになる票もあれば、推薦を断ってマイナスになる票もある。それをプラスに持っていくのは、自分の熱だと思ったので。発熱できれば結果として勝てる、と思っていました（笑）」

そして小選挙区で勝ち、帰ってきた。民主党の09年初当選組で、14年の選挙で当選した女性は彼女だけだ。

16年には予算委員会で「保育園落ちた」ブログを取り上げ、待機児童問題を追及して一躍名を揚げ、一気にメディア露出が増えて、その後政調会長にも抜擢された。本人はどう受け止めていたのだろう。

「予算委員会で質問をして、その日のニュースに自分が映る。リアルタイムで自分がスクープした問題が可視化されて、社会化されていく。なるほど、議員の醍醐味はここにあるんだというのはすごく感じた」

あれよあれよという間に待機児童の問題が電車の中吊り広告に躍るようになり、政府の取り組みが盛んになる。野党でも政策を変えられるのだと実感し、スタバで子連れの母親に「応援してます」「本当に頼みます」と声をかけられるようになった。

切れ味鋭い質問が身上だ。

「自分の中で120%の準備をしておく。準備不足だと、自分への自信のなさが、相手のヤジや効果的な反論で足元を崩される。準備ができていれば、何も怖いものはない」

120%の知識を入れて、玉を10個用意し、最後は1個に研ぎ澄ます。国会で質問をしているときは、生き生きと楽しそうだ。

「つらい準備をしておけば、本番は楽しい。自分の役割を果たせている気がする。何事もそうですけど、検事のときもそうだった。法廷で言葉を失うわけにはいかなかった。被害者の代弁者だから。国会でも同じ。託してくれた普通の人々の代わりに、絶対にびびらない。言葉を発しないといけない」

彼女が安倍首相と対峙したときの国会質疑を見てみよう。

たとえば、17年2月17日の予算委員会。彼女は待機児童問題を取り上げた。

彼女はたずねた。

「総理は、待機児童ゼロを目指すと繰り返しおっしゃっています。いつまでに待機児童ゼロを目指しておられるのですか」

首相は「いつまでにということをおっしゃったわけでありますが、いつまでにということを、なぜ今ここで断言が難しいかどうかということでございます」と、はっきり答えず、その後もなぜ断言できないかという理由を縷々《るる》述べた。

もちろん彼女はそんなことでは引き下がらない。

「総理は2013年4月19日、日本記者クラブの講演でしっかりと年限を明言されて待機児童ゼロを目指すと言っておられるんですね。この年限は今撤回をされたんですか」

きちんとファクトを調べて突きつけ、たたみかける。首相は、

「予測どおりにはなかなかならないという実態について申し上げているところでございます」と述べて、なかなか正面から質問に答えない。

彼女はこんなことではあきらめない。さらにたたみかける。

「私、もう一回おたずねしますけれども、この２０１３年、総理は記者クラブで何年までに待機児童ゼロを目指すとおっしゃったか覚えておられますか」

事務方が首相を補佐し、厚生労働大臣の塩崎《しおざき》恭久《やすひさ》氏が答えようとしたが彼女は食い下がる。「総理、お答えください。総理、お答えください」。

データも突きつけるし、その場でのたたかう姿勢も絶対に崩さない。妥協はしない。

安倍首相は「答えられなかったからといって、まさに何か一本とったように感じるのは、それは充実した審議とは程遠い審議と言わざるを得ないわけでありまして、そんなことをやろうと思えばいくらだってできるわけでありますが、自民党はそんな質疑はしませんよ」と言い訳というか、八つ当たりというかをして、しかしようやく「確認いたしましたら、29年ということでございます」と答えた。

彼女の追及はまだ続く。「総理は、では平成29年までにゼロにする、こういう前からの約束を、今、期限については変更する、撤回する、期限はなくす、こういうことですか」。

これに対して安倍首相は長々と彼女や民主党政権への批判もまじえながら、なぜ達成できなかったのかの言い訳を述べる。

「いろいろと批判をされましたが、これは興奮してする議論ではないんですよ。冷静に、

建設的にいかなければいけない。なぜ私が民進党政権時代にだめだったかということをお話ししたかといえば、ただスローガンを叫んだり相手を批判することでは何も実は生まれないんだということであります。盛んに皆さんは私たちに保育士の改善を求めておられたわけでありますが、皆さんのときにはまさに保育士の皆さんの待遇は改善されていなかったというか、マイナスだったということは事実なんですよ。(中略) 確かに、29年度末、29年度末ですから正確に言うと30年の3月31日ということになりますが、しかし、今申し上げましたように、残念ながら今非常に厳しい状況になっているのは事実でございます。しかし、だからといって、待機児童ゼロという目標を取り下げるかといえば決してそんなことはないわけでありまして、そのときを目指して頑張っていかなければ改善はしないじゃないですか。ですから、私はそう申し上げているわけであります。

それで、山尾さんは一方的に何か興奮をされて、我々を一方的になじっておられるから、我々もこれはいかがなものかと思って見ていたわけでございまして、申し上げるわけでありますが、大切なことは、しっかりと経済をよくしていく、そして財源をつくっていくなかにおいて、財源を確実にしながら結果を出していくことではないかということであります」

この後も長々と言い訳、回り道をした後、ようやく「確かにそういう意味において我々の予測は外れたわけでございまして、その点については、十分に改善速度に追いついていなかったということについては残念ではありますが、しかしこの目標に向かってしっかりと進んでいく、ただ、状況としてはなかなか、今にわかには、間違いなく達成できる状況ではないということは先ほど申し上げたとおりでございます」と彼女の問いに答えて、自分で切った年限どおりに達成はできないと認めたわけである。

彼女はだめ押しで「平成29年度末、平成30年3月31日までに待機児童ゼロを目指すという政府の方針、これを今総理は答弁で事実上断念されました。そういうことですよね」と確認するのである。

この問答からは彼女が自分で言うように、いかに国会質問の準備をしているか、ファクトを調べ、構成を考え、そして実際の質疑の場でも追及の手をゆるめずぐいぐい追い詰め、答弁を引き出していくかの一端がわかるのではないだろうか。

スキャンダルからの復活はなるか

しかし、注目を集めた分、当然ネガティブな反応も返ってくる。スキャンダル報道の前にも、元秘書のガソリン代不正請求事件が週刊誌報道された。細部まで徹底的に調べて、改めて調査結果の報告の記者会見をし、陳謝して決着をつけた。

そして17年、弁護士との「不倫疑惑スキャンダル」を週刊誌に報道された。「国会論戦に混乱を持ちこみたくない」と会見し、離党をした。直後に衆院解散となる。安倍晋三首相がこのタイミングで衆院を解散したのは、彼女のスキャンダル報道も理由の一つだろう。無所属で出馬をした。小選挙区で勝たなければ比例復活はなく、落選である。

選挙戦中、筆者は何度か選挙区に行ってみた。女性票が離れた、と報道されていたが、実際はまったく違って、彼女を応援したのは女性たちだった。

09年の民主党の政権交代の選挙のときにもない反応で、マンションの前で街頭演説をすると窓を開けて手を振るだけでなく、女性たちが部屋から駆け下りてきた。朝の通勤途中に子どもを抱えて握手を求めにきた人、街宣車に走り寄ってきた人……。筆者が行ったのが平日だったこともあるが、多くが女性たちだった。

筆者は聞いた。「なぜ彼女を支持するんですか?」。

「だって、いないじゃないですか、ほかに。女性で同年代で、子どものこととか聞いてくれて、話もできる感じで」

「国会で鋭くやっているじゃない」

「彼女は、希望です」と言った人もいた。

「私の生活も子どもを抱えて苦しい。でも、ああやって国会で一生懸命追及してくれる人がいてくれるって思うとがんばれる」

「スキャンダルは気にならないんですか?」とも聞いた。

「仕事とプライベートは別」

「最初は腹がたったけど、こうやって逃げずにいるから、がんばってほしい」

「女性の敵だって思ってたけど、実際の姿を見て考えが変わりました。堂々としていてすごいと思う」

「あれがあって、たたかれて、でも負けない姿を見てかえって応援したいと思った」……

もちろん、厳しい場面も見た。昼食のため、食堂に入ったときのこと。彼女が静かにで

はあるが、挨拶をして回っているのを見て、60代くらいの男性客が「迷惑だから、やめてくれる？」。そして聞こえよがしに「あー、気分悪いから、出よう」。連れに声をかけて店を出て行った。

そして、結果はわずか834票差での彼女の勝利だった。

彼女は、政治と自分たちをつなげてほしい、自分たちの思いを永田町に届けて政策に生かしてほしい、彼女にならそれができる、ようやく自分たちのことをわかってくれる人が現れたと、願いを託されたのである。

退路を断って、生きるか死ぬかの凄まじいたたかいを生き延びて戻ってきた彼女は、政治家としての姿勢が明らかに以前とは違っている。「スキャンダル」の前は、政治家としての射程を長くとらえていた。一生の仕事だと。

「10年やそこらだとは思っていないです。政治とは地味で地道な作業だし、人を動かすわけだから、自分自身を高めていくということはこれから先は長い」……そう言っていた。

だが今は違う。

「私が実現したい政策は、立憲的改憲（権力に縛りをかける目的での憲法の改正）、女性宮家など皇室の継承、待機児童の解消の三つ。政治家も1期ごとに続けるかどうか、そのたびごとに考えていきたい」

国家像やビジョンを掲げ、それに向けて長い視野で考える政治家から、目の前の実現したい政策の実現を図っていく職人風になったように見える。以前よりも淡々としている。

何が彼女をそうさせたのだろう。

スキャンダルが取り沙汰された弁護士を政策顧問に据え、一緒に雑誌に登場もした。

「彼はあえて名乗らずとも、もともと政策顧問だったんですよ。だから、今後も替えるつもりはなかった。ただ、疑惑報道があって、同じ場にいるだけで取り沙汰される状況になってしまったから、それに対抗して、きちっと仕事ができる環境をつくる唯一の方法がこれだったんですよね。生前退位の論点整理を起案した、共謀罪の質問・演説をつくってきた、今は新しい憲法の議論を世に問いかけている。2人でこれだけ仕事をしてきたし、していく、ということを具体的に示しておく必要があるだろうと思ったんです。『こうすれば野党でも物事を動かせてきたんです。これからも動かしていきますよ』ということも伝えたかったし、立憲的改憲も夢物語じゃないと。覚悟を決めて120%努力すればできるんだ、という迫力みたいなものも伝えたかった。そのために、2人の関係について、むき出しの好奇心に応えるなら何でもあり、というような一方的な報道にさらされるばかりで

なく、必要なことは当事者である自分たちの側から発信していくということを選んだ。発信すべきことはしないとね、仕事にならないじゃないですか」

まだ3期目である。そして、大嵐をくぐりぬけた裏には、多くの女性たちの思いがある。これをどう受け止めていくか。政治家として、女性たちの思いをどう結実させていけるのだろうか。

彼女は17年の年末に立憲民主党に入党した。憲法調査会などに所属し、活動をしている。

辻元清美

挫折からが本番

立憲民主党の山尾志桜里氏の先輩筋にあたるのが辻元清美氏である。辻元氏も何かと山尾氏を気にかけ、山尾氏も辻元氏を信頼して頼ってきた。山尾氏は「野党でも政策を実現できる」と言うが、それを一貫して追い求めてきたのも辻元氏である。

野党の女性政治家としてキャリアを重ねてきたからこそ、実は、野党の限界も一番よくわかっている人物である。

市民活動出身だ。世界中を船で回り、国際交流する「ピースボート」のファウンダーで、元祖社会起業家といってもいいかもしれない。ピースボートで海外を回る傍ら、田原《たはら》総一朗《そういちろう》氏が司会をする「朝まで生テレビ！」によく出演していた。筆者などはたまにそれを見て「うるさくてエキセントリックなねーちゃん」という印象を持っていたが、気づいたら彼女は政治家となっていた。

国会議員としての彼女はキャリアを一度中断している。再出発は、どん底からのスタートと一言でくくれるほど生易しいことではない。ゼロというよりもマイナスからの道のりで、国会に帰ってきた。

ネットでもよくたたかれている。いわゆるネトウヨからの攻撃はすさまじく、デマや誹謗中傷も多いということで、彼女自身『デマとデモクラシー』という本を出しているほどだ。誤解にもとづく偏見も多いように思われる。男性に人気がないようにも見えるが、実は漫画家の小林《こばやし》よしのり氏やセゾングループを率いた故堤清二《つつみせいじ》氏、キャスターだった故筑《ちく》紫《し》哲也《てつや》氏など、彼女を応援している人は多い。２０１７年冬に開催した彼女のパーティーでは、森喜朗元首相もやってきてスピーチしたほどだ。

17年の民進党が分解した選挙では、小池百合子氏の「排除」発言に対していち早く「希望には合流しない」と表明、立憲民主党の創設メンバーとなった。今は小さいけれども野党第一党の国対委員長として国会運営の交渉にあたっている。

野党の限界

市民活動出身というと、どうしても自分の主張ばかり声高にして（それも大事なことではあるのだが）、ピュアでいいのだけれど、ピュアすぎてその政策が実現しないということがまま見られる。一歩も妥協できず、そんな政策になるくらいならば実現しないほうがましだということになり、そしてその場から動けなくなるのだ。

もちろんピュアさは市民活動の身上でありアイデンティティであって、失ってはいけな

いことなのだが、一方で政治とは妥協の世界であり、自民党（特に昔の）では見事なまでに議論を重ねて妥協点を探り、芸術品とでも表現すべき議論の到達点に達するときもある。その両方を使い分けないと社会を変えていくのは難しくなる。自分の理想にぴょんと飛んでいけるのなら楽なのだが、現実はなかなかそうもいかない。理想を掲げつつ、どうやったらそこまで達していけるか、一歩一歩、というか1歩進んで2歩下がり、また2・5歩進んで……と辛抱強く探っていかなくてはならない。

彼女は現実主義者である。ピースボートや政界で経験を積むなかで、ピュアの限界も知っているからだ。しぶとく交渉し、利害調整し、時には妥協し、まずは小さくても穴を穿《うが》つことをめざす。だから今の国対委員長という与野党折衝の最前線に立つポストは、彼女の得意分野なのである。

また、野党の安全保障の専門家として、あるいはNPO法などを立法し、市民活動と政治をつなぐ存在として独自の立場を築いている。国会論戦でもよく活躍しているが、明らかに安倍首相が苦手とする相手の一人といえよう。彼女が相手のときは表情が変わる。いかにも苦々しい顔になる。15年の安保法制の議論の際は「早く質問しろよ」とヤジを飛ばし、陳謝するという事態になった。

彼女の生い立ちをたどると、野田聖子氏と共通点があることに気づく。「裕福でない野田聖子」とでも表現できるような。同い年であり、母親が父親で苦労していること、おかしいと思うことには声をあげずにいられなかった点などだ。境遇は違っても2人とも育ちの良さを感じさせる。同時代を、裕福とそうではない側として生きた裏表の存在といえるかもしれない。

裕福でない野田聖子

1960年に奈良で生まれ、育った。

「父親はあれこれ商売に手を出していたけど、うまくいかなくて、生活は楽じゃなかった」

育つ途上で、政治家としての萌芽が見える。小さい頃から差別が嫌いで、幼稚園の頃、銭湯に行ったときにこんなことがあった。

「お風呂場でね、『あ、朝鮮人が入ってきた。はよう出よ』という声が聞こえてきたことがあったの。許せなくてね、『みんな、一緒やろ』と言って、水をかけにいった（笑）」

女性の自立についても自覚的だった。これは母親の影響が大きい。父の仕事が安定しないせいで母親が生計を支えなくてはならず、美容師の免許を取って働いていた。

「男に頼ったらあかん、女性も職業を持って一人でも生きていけるようにしなければとしょっちゅう言い聞かされた」

父が家出をすると、母親はひどい目にあっているのになぜか世間の批判の矛先は母親に向いた。

「お前がしっかりしすぎているから、夫がしっかりしないんだ」

そう母が非難された。

「なぜしっかりしていることでとがめられなければならないの？　本当に理不尽だと思った」

中学は受験して進学校の奈良教育大学附属に行った。父親は中卒、母は高卒なのだが、たまたま小4のときに転校した大阪市の愛日《あいじつ》小学校が、公立小学校ながら市の中心部にあって、中学受験のさかんなところだった。当然、みんなは優秀なわけで、転校して受けた最初の試験はさんざんだった。そこで小4の3学期、奮起して勉強を猛烈に始めた。お金がなくて塾に通ったりもできないから、六畳一間の家族の生活の場でひたすら教科書を暗記した。

　努力はしてみるもので、5年生の1学期にいきなりオール5になった。周りが受験をするから、自分もそうしたいと思ったが、お金はないから行くとしたら国立だ。ところが、そんなときに父親が一人で夜逃げしてしまった。しかたなく母と弟と3人で奈良の吉野の田舎の親戚の家に居候することになった。第1志望の大阪教育大附属は最終の抽選で落ちて奈良教育大附属に合格したが、親戚の家からは片道2時間半かかる距離だった。

「貧乏で女の子なのに、なぜそんな遠い学校まで行くのか」と周りからは言われたが、通い続けた。テニス部にも入った。狭い家で居候生活だったから、耳栓をして勉強した。

　忘れられない教師との出会いもあった。地理の先生だ。最初の授業で、先生は黒板にはしごのようなものをチョークで書いた。

「これは何ですか？」

　生徒たちが「はしご」と答えた。正解は「目」という字だった。先生は言った。

「社会科というのは世の中を見る座標軸をつくる科目です。座標軸の一つは地理、一つは歴史です」

「そうか。世の中を見るときに、地理と歴史という視点が大事なんやな、それを忘れちゃ

いけないんだって。今でもそれが役に立ってる」

彼女はさまざまな教師に影響を受けている。頑張って国立中に行き、大学に進学したことが人生を変えた。

小田実とピースボート

中3のとき、75年4月にベトナム戦争が終わり、歴史の先生が「これを地図に貼りなさい」と統一されたベトナムのシールをくれた。「これで南ベトナム、北ベトナムという国境は消える。人々の力で国境を消したのだ。君たちは歴史を見たんだぞ」と教えてくれた。

同じころ、父が名古屋で見つかった。家族で名古屋に引っ越し、うどん屋を開いた。成長してから父と話したことがある。「なぜ家出をしたのか、そのために家族は苦しんだ」と訴えると、父は「家族というものがわからない」と言った。父の父、祖父は南方で戦死している。父の母は後妻に行き、父は中学を卒業すると奉公に出された。

「お父ちゃんも戦争に苦しめられたんだ、って思ったの。これが政治活動の原点になっているかもしれない」

父親が見つかって名古屋に引っ越して高校に通う。中学卒業間際のときに親友がこの本が面白かったと、小田実氏の『何でも見てやろう』を貸してくれた。

「私は、いつか絶対この人と会うなっていうインスピレーションがあったの」

その直感どおりに彼と出会い、人生が大きく展開していくことになる。実現するのは3年後だ。代々木ゼミナールの名古屋校ができて、その講演会に当時代《よ》ゼミの講師をしていた小田氏が来たので聴きに行き、楽屋を訪ねて話をした。ノンフィクション作家の吉岡忍《よしおかしのぶ》氏などとも知り合う。

2浪して早大に入り、吉岡氏や小田氏とも再会した。韓国の光州事件のあった後で、韓国の民主化運動に力を注いでいた小田氏の手伝いを始めた。今なら学生インターンという感じだろうか。土井たか子氏や宇都宮徳馬《うつのみやとくま》氏といった政治家とも知り合った。当時、アメリカはレーガン政権、日本は中曽根政権で、冷戦真っ盛りだ。全世界的に反核運動も盛り上がっており、小田氏の事務所に出入りするうちに、どんどんのめりこんでいく。

「事務所はわいわいとすごい熱気でね。自分が活動していることが、世界とつながっている感じがして楽しかった。反核運動のなかで小田さんが『ソ連や北朝鮮、中国といったい

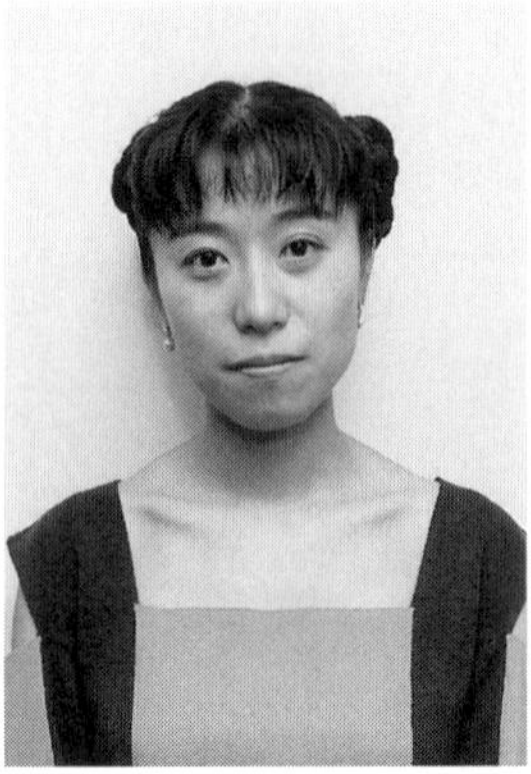

ピースボートの活動をしていた頃（写真：共同通信）

わゆる敵国にこそ行って交流をすべきだ。それが戦争の抑止になる』って国際交流の企画をたてたんだけど、実現しなかったんだよね。それで、大人たちがだめなら学生がいろんな国を回る活動をしようと準備を始めた。それが『ピースボート』」

第1回の出航は、83年だった。

大学は教育学部で、社会科の先生になろうと思っていたが、ピースボートの活動に夢中になって教育実習に行けず、卒業まで7年かかった。放校ぎりぎりだ。

「市民活動のあり方も変えたかった。暗いしダサいし難しい、っていう感じだったでしょう？　何派と何派とかに分裂しちゃって、なんかコワい。その頃はNPOなんていう呼び方もなかったけど、欧米の団体は国際交流とか環境とか活動分野がたくさんあって専門的だし、経済的にも自立している。日本でもそういう活動ができるといいと思ったし、自分たちもそういう存在になりたかった」

就活を始める周囲にも違和感があった。

「何になりたいですか、と聞かれたときに、野村證券とか朝日新聞とか、会社の名前を答えるわけ。ジャーナリストになりたい、とかではなくて。朝日に落ちて証券会社に受かったらそこに行く、みたいなことには反発があった」

自分は国際交流や平和問題にものすごく関心があったから、そういう活動できちんと食べていけることを見せよう、仕事をつくろう、切り開こうと決めた。

アイデアと卓越した行動力で周囲をひっぱったが、そうした力は家族と苦しい生活をするなかで養われていったという。

「うどん屋を開くときなんて、お金をかけられないから、粗大ごみで出されていた冷蔵庫とかを家族で拾ってきたの。家族でやる！　って決めたら即断即決で動き出す。それでなくちゃ生きてこられなかったから。商売人の根性が養われていったんだと思う。こっちでだめだったら別の手でいけるんじゃないかとか。条件がそろうまで待とうとか、そういうのはないの」

だから、ピースボートをやると決めたら、船を借りることができるまで船会社に何十回と通ったし、あらゆる手を使って決してあきらめなかった。

政治家を初めて意識したのは、ピースボートを始めて間もない頃だ。

「朝日新聞の記者だった本多勝一《ほんだかついち》さんに船に乗ってもらいたくて会社に行ったの。断られたんだけど、別れ際に挨拶をしたときに『船には乗らないけど、あなた代議士になったらいいよ』と言われた」

といっても、その場限りの会話でそれっきりだった。具体的になったのは、10年以上たった96年の総選挙だ。10月20日が投票日で、10月1日に声をかけられた。公示直前、投票日まで3週間を切っていた。

土井たか子からのスカウト

土井たか子氏の秘書から連絡があり、保坂展人《ほさかのぶと》氏とともに議員会館の事務所に呼ばれて口説かれた。ピースボートは国際政治への興味から始まったものだけれども、国内の政治に巻き込まれて党派色がついたら困ると思い、無理だと断ったが、土井たか子氏へのあこがれがあった。土井たか子氏は、「やるっきゃない」と語って土井ブームを巻き起こして89年の参院選で大勝し、「山が動いた」との名文句を残した（野田聖子氏はこれに危機感を抱いて国政に出た）。颯爽《さっそう》としていて国会での質問も歯切れがよかった。ただ、社会党そして社民党への人気として持続させることはできず、その後党は衰えの一途をたどるが、それでも96年当時、土井氏には往時の輝きの名残がまだあった。

「その頃、何かあると筑紫哲也さんによく話していたから彼に相談したら、一言『出ろ』って言われて。ピースボート内では賛否両論だったけど、悩んだ末に社民党を市民の政党に変えられるならと出ることにしたんです。国際交流活動をするなかで、政治に翻弄されて壁に突き当たることが多かったし。当時、ＮＰＯ法をつくろうという活動にも加わっていて、だったら自分が国会の中に入って直接つくっちゃえばいいとも思った」

近畿ブロックの比例単独候補になり、当選した。

総選挙の前、自民党は単独で過半数の議席は持っておらず、社民党、さきがけと連立を組んでいた。そしてこの選挙で社民党は議席を減らしたものの、自民党もやはり単独過半数は得られなかった。衆議院で社民党15人に対して自民党は２３９人だったが、過半数の２５１人には足りなかったのだ。自民党には社民党の力が必要で、選挙前と同じように、自民、社民、さきがけの連立政権となった。

これが彼女の初めての政治生活にとって、非常に大きな影響を与えた。与党であるとは、自分たちの政策が実現するということだ。この点において、与党と野党では天と地ほ

ど、いやそれ以上の差がある。

それは98年7月の参院選の前に連立を離脱するまで続いた。

「小さい党だったから、普通は1年生では参加できないような政策協議に、しかも自民党の先輩たちと一緒に関与できたの。ものすごい勉強になった。だって相手は、自民党の1年生議員だったら口もきけないような自民党の幹部、加藤紘一《かとうこういち》幹事長や山崎拓《やまさきたく》政調会長だもの。彼らのふるまい方を直に学ぶことができた。与党がどう利害調整して、ものごとを決めていくのか。これは本当に大きかった」

NPO法の成立と駆け引き

目標だったNPO法の作成チームにも加わり、情報公開法や被災者生活再建支援法、環境アセスメント法など、生活に身近で、かつ普通の人々と政治を近づけるような法案づくりを多く手掛けた。

「キャスティングボートを握っていたから、私たちは少数とはいえ位置エネルギーがあった。自民党という長年権力の座を維持してきた政党から政治のイロハも教えてもらえた。

まだ真っ白だった私が教えてもらえたことは、その後にすごくプラスになっていると思う」

当時の山崎拓氏からの教えで今でも大切にしているのは「一つの法律をつくるためには真綿でくるんで、すり足で歩いて慎重に物事を運べ」だ。

竹下登氏と言葉を交わしたのも忘れられない。NPO法は、最大与党の自民党に賛成してもらわねば話が始まらない。異論も根強かったから、実力者の竹下登氏から了承を得ようと考えた。といっても元首相の超大物、与党とはいえ他党の1年生議員が簡単に接することができる相手ではない。どうやって接しようかと思っていたとき、早稲田大学卒業者の集まりである国会稲門会《とうもんかい》があることに気が付いた。彼女も竹下氏も早稲田大学の同窓である。行ってみたら思ったとおり竹下氏が来たではないか。スキを見て意を決し近づき、話しかけた。「私は辻元と申しまして、NPO法について……」。

竹下氏は彼女を一瞥《いちべつ》すると、

「ああ、NPOか。税はいかんよ」

そう言うと、「人間、誰もが反面教師」とつぶやきながらひょこひょこ去っていった。

当時、NPO法は税の優遇措置を入れるかどうかが焦点の一つだった。

「ああ、竹下さんは、税の優遇措置を入れないならばNPO法は成立できるって言ってるんだとわかった」

最少の言葉でさっと論点をつかんで表現する。これも政治の芸のうち。竹下氏は政治家としてプロだった。相手の短い言葉で何が言いたいのかをきちんと理解するのも政治家として大事なことである（ついでにいえば記者も）。

次の2000年の選挙は野党に転じての小選挙区からの出馬だった。これが、本当の選挙の初の洗礼だったといっていい。相手は公明党の与党統一候補の現職で、民主党もいた。ひたすら街頭演説を繰り返した。

「私には組織もありません。でも、しがらみに頼った政治でいいんでしょうか」

社民党ではあるが、支持母体の労組と強いつながりがあるわけではない。当時はすでに連合（日本労働組合総連合会）も民主党支持に回っていた。対立候補には与野党の大物が続々と応援に来た。選挙最終日で忘れられない光景がある。党首だった土井たか子氏が応援に来たが、選挙区内のメーン駅である大阪・高槻《たかつき》駅のいい場所は組織力で勝る自公と民主にとられていた。そこで土井氏は街宣車に乗り込んで「土井たか子です！　辻元さんを勝たせてください！」と、ひたすらウグイスをした。車が団地に差し掛かったときのことだ。土井氏の声が響き渡ると、窓が次々に開いて人々が顔を出したのだ。そして小選挙区で当選した。このとき、彼女が小選挙区で通ったおかげで比例復活できたのが、次章に登場する中川《なかがわ》智子《ともこ》氏だった。

傲慢な女

それでもまだ、選挙区では受け入れられないことも多かった。へこむことばかりの日々だが、続けていると灯がぽっとつくような出来事も増えてきた。

地域の祭りに行った。受付で名刺を出したら「呼んでいません」と言われ、受け取ってもらえなかった。帰ろうとしたときに、奥から女性たちの一群が声をかけてくれた。

「いいじゃないの、せっかく来ているんだから」

「こっちへ来てお茶を飲めばいいわ」

救われた。

「味方をしてくれるのは女性なの。そうやって女性に助けてもらうことを繰り返して、私は地域に溶け込んでいったの」

支持を少しずつ広めていきながら、国会の場でも存在感を示していく。国会でも行動力が売りだった。99年、西村眞悟《にしむらしんご》防衛政務次官が週刊誌のインタビューで「集団的自衛権は『強姦されている女を男が助ける』という原理」などと発言したことを受けて、超党派の女性議員とともに官邸に抗議に乗り込んだこともある。

胸のすくような行動である半面、「売名」だの「エキセントリック」だのとごうごうと批判も受けた。01年に小泉政権が発足すると、首相を「ソーリ、ソーリ」と国会質問で追及していた姿が記憶にある人も多いだろう。どんどん目立ち、有名になり、女性政治家を代表する時の人になった。が……。

「あのとき、ある意味自分をもてあましていたというか。あまりに急に有名になっちゃって、どうしたらいいかわからなくなってた。私は傲慢だったように思う。政治っていうのは、押したり引いたり、100%自分の意見は通らなくて、自分と意見が違う人とどう折り合いをつけていくかなんだけど、あの頃の私は自分の主義主張をぐいぐい押していたよね」

NPO法の議論などを通じて親しかった、今は亡き加藤紘一氏から「あなたばかりが目立っていますね。でもあまりやりすぎると、怖いよ」と電話がかかってきたこともあった。

そして02年、秘書給与流用事件が起こった。

ある日、自民党の有力幹部から突然、豪華なシクラメンの鉢植えが事務所に送られてきた。「何これ？　なんで？」と不気味がっていたら、翌日に週刊誌報道が出て大騒ぎとなった。

逮捕された。手錠をかけられ、腰縄をつけられ拘置所に入れられ、名前ではなくて番号で呼ばれた。

「90番」だった。

野党の女王から「90番」へ

取り調べの最中にトイレに行くときは、腰縄をつけたまま。女性の担当者が個室の外で縄のはじっこを持って待っていた。お風呂は4日にいっぺんで、手錠のように縄をかけられて風呂まで並んで歩いていった。

「土井さんのＳＰをしていた女性が、担当官の一人でいて。拘置所を出るとき、やつれて

いるよりお化粧をしたほうがいいでしょうから、って言って、化粧ポーチを取り寄せてくれた」

議員辞職し、有罪判決が下る。華々しい活躍からいきなりどん底に突き落とされた。

「ものすごく苦悩したよね。顔も知られているし、マスコミもいるから外に出るのも怖い。家から一歩も出られず、何も手に付かず、どこにも行き場がなく、誰にも会えなくて何もできなかった」

半年たち、1年たち、少しずつ恐る恐る外に出るようになったら、多くの人に声をかけられた。

「元気出さなあかんで」

「あれはいじめですよ、私も女だからいじめられて。会社であることないこと言われて」

彼女の顔を見るなり、「辻元さん！」と駆け寄って泣き出す人もいたし、激励の手紙もどっさりと来た。

誤解を恐れず言えば、エキセントリックに見えていた彼女がこれだけの挫折をして、普通の人たちとの距離が縮まって共感を集めたのかもしれない。くじけて転んで泥だらけになったのにそれでも立ち上がろうとしている、と。

政治家という存在の意味をかみしめたのは、この辞職の後だという。

「自分の役割とは何だったのかを突き詰めて考えたんです。一つの法律をつくったら、どれだけ大きな影響が出るか実感していたし、社会を変えていくということも経験していた。私は小さい声、たとえばシングルマザーとか、沖縄のおじい、おばあのしんどい声のスピーカーになって、国会に行って『これを聞け！』とやっていたんだと思ったんです」

深く傷ついて、身も心もぼろぼろになりながら、外に出始めた頃に、沖縄の辺野古《へのこ》に行った。すると、長老のおじいから言われた。

「辻元さんは、わしの心の杖だった」

わしは辺野古の年寄りで、総理大臣に直接ものは言えないけど、そういう自分たちの声を拾い上げて国会で大きな声で言ってくれる。権力に向かっていってくれる姿を見ることが心の支えになって、自分ももっとがんばろうと思えた、と。

「それで決めたんです、電源を入れてもう一度スピーカーになろうって」

一人での立候補

04年の参院選には無所属で立候補した。「犯罪者」「北朝鮮の回し者」、さんざん中傷も受けたが、立候補して本当に良かったと心から思えたことも多々あった。街宣車で回っていると、家から出てきてくれ、走って追いかけて転びながらも「頑張って」と声をかけてくれた。工事現場でブルーシートがかかっているところを通りかかったら、シートの切れ目から何人も手を出して振ってくれた光景が忘れられない。選挙費用はカンパでまかなった。裁判のときにも1000万円以上のカンパが集まり、選挙でまたそれくらい集まった。

落選したが次点だった。

「あんなことがあったのに、一票一票、辻元と書いてくれて私に命を吹き込んでくれた。だから天命だと思ったの」

みそぎとはこういうことかと実感した。

「自分の虚栄心とか何かブヨブヨした野心とかがそぎ落とされたと思った。神様から、ここでは当選させなかったけどあなたには可能性がある。あと少し苦労しなさいと言われた気がした」

みんなから「変わったね」と言われた。

「自分では何が変わったのかよくわからないけど、人の痛みとか息遣いとか、そういうものがよりわかるようになったのかという気がする」

地元の高齢者の配食サービスをしているNPOが、高齢者のデイケア施設をつくったといって、開所式に呼んでくれた。落選中だし有罪判決だし、と言ったが、「いいわよ、辻元さんがNPO法をつくってくれたんだから、来てよ」と言ってくれた。代表者が挨拶に立ち、「こんなふうにNPO法人となって、お金を集めて建物をつくるところまで来られると思わなかった。どうしてできたかといえば自然体でやってきたから。自分たちを大きく見せようとせず、背伸びをせず、自然体で活動してきた結果だ」と言ったのを聞いたとき、これだと思った。

政治家も同じで、自分を大きく見せようとしたり、できもしないことを言ったりすることがある。でも、自分はそうではなくて自然体で行こうと決めたのだ。

「その女の人たちはすごくしなやかで、言うことはちゃんと言うけれど相手の言うことも

聞いて、地に足をつけた実質的な活動をしていると思ったのね」

自然体の政治

彼女が参院選で次点だった翌年、解散総選挙があった。小泉郵政選挙だ。造反だ刺客だチルドレンだと小泉劇場の大騒動のなかで彼女は社民党から立候補し、永田町に帰ってきた。小選挙区では自民党候補に敗れたものの比例復活を果たしたのだ。

保守系の集まりにも少しずつ声がかかるようになった。逆に、「辻元、丸くなったな。昔のように政府を追い詰めなあかん。すっきりしないねん」と昔からの支持者に言われるようにもなった。

「でも、有権者がすっきりしたところで政治は変わらないわけだから。先鋭的な人が喜ぶようなスタイルをしていても、その主張がしみいるようには広がっていかない。自分の魂から出る言葉を大切にして、それが自然体ということだけど、政治に向き合うことが大事かなと思う」

小泉首相とも再会した。当時自民党政調会長だった中川秀直《なかがわひでなお》氏らも一緒で、中川氏は彼女に「おかえり」、小泉氏は「さみしかったよー」と言った。

筆者は永田町に戻ってきた彼女を見て、明らかに変わったと感じた。いろいろなことがあったから陰影が増し、落ち着いた。それが魅力となっているように思えた。以前は奇矯《ききよう》なお姉ちゃんといった風情で、正直言ってあまり話しかけたくないタイプだったが、大人の女性というたたずまいになっていた。

05年の選挙にて、土井たか子氏と地元で演説した（写真:共同通信）

　そして09年に民主党が政権交代を果たし、社民党とも連立を組んで、彼女は前原誠司国交相のもと国交副大臣として運輸行政を担当した。

　高速鉄道車輛の海外への売り込みや、観光立国として中国人の観光ビザ取得要件緩和や羽田空港の国際ハブ空港化、関西空港・伊丹空港の経営統合化などに取り組んだ。23年間未解決だった旧国労のJR不採用問題も和解を成立させた。海上保安庁の長年の悲願だった最大級の巡視船建造も決めた。日本航空の再建問題もあった。再建対策本部の事務局長に就任し、会社更生法の適用を決めた。うまくいったことばかりではない。彼女の担当ではなかったが、中止を掲げた八ッ場《やんば》ダムはすったもんだのすえ、結局は継続となった。

自分も政府の一員になって改めて権力を行使する難しさを実感した。1年生のときにも与党だったが、今度は副大臣という政府の一員だ。野党時代に訴えていた政策を、100%即実行できるほど話は単純ではない。多方面との利害調整をしなくてはならないし、責任も生ずる。

「運動はいいんです、100%正しいことを訴え続けて。でも政治をそれでやろうとするとそうは簡単にいかないことがあって、逆に、少しでも前に進もうとしている人たちを後ろから撃つことになりかねない。その点、自民党はしたたかだよね。よりましであればいいとする。まず穴をあけて、そこからじわじわと広げていこうとする」

反対することは気持ちがいい、けれど

10年5月、普天間飛行場の移設問題で社民党は連立離脱することになった。それに伴って副大臣も辞任した。

つらかった。まだまだやりたいことはあった。社民党は、徹底して独自の道を貫くということでいい。権力を批判しチェックする役割は重要だ。連立離脱を決めた全国幹事長会議では「政権に入るのはもともと間違っていた」「筋を通せ」という声が飛び交った。だが彼女は、「自分の政治との向き合い方は違う」と違和感を覚え始めた。

「いったん政権に入ったら、たとえ泥をかぶってもしたたかにしぶとく成果を得るまで粘る必要があるのではないか」

98年に、社民党が連立与党を離脱した後のことを思い出した。自民党は、社民党が反対していた国旗・国歌法や盗聴法、住基法などを続々と成立させていった。99年の国会本会議で、彼女はこんな発言をした。

「野中（広務）官房長官は、以前、国会を大政翼賛会にしないように若い皆さんにお願い

したいとこの演壇の上から呼びかけられました。そのときは、若い皆さんの一人である私も、そうだよなと深く納得しました。ところが、今の国会運営の状況はどうでしょう。野中官房長官みずからも含め、いわゆる自自公で、数さえ集めりゃ行け行けどんどん、大政翼賛会国会になっているのじゃないでしょうか」

この発言の後で、野中氏は彼女に「あんたたちが政権を出て行ったからや」と言った。

「あのときと同じだ、と思った。自分たちが正しいと思い、信念を貫いて行動したことが政治的に反対の方向に物事を進める力となってしまった」

反対することは大事だ。そして、先鋭的に反対を叫ぶことも。それによって何が問題かクリアになるし、注目も集まる。

「でも、自分の役割は違うのではないか、と考え始めたんです。自分は政治家としてその反対をいかに現実に反映していくか、物事を動かしていくにはどうしたらいいかを考えたい、そう思った」

反対を否定するのではない。でも、自分は反対しながらも、現実をどう変えていくかも考えていきたい。政府の一員で自分が関与する政策が実現していくなかで、責任を痛感しながらもその醍醐味を感じていたところだったから。もしかしたらそれは、これまで支えてくれた人に「裏切り者」と言われることかもしれない。けれど……。

ただ反対するだけでなく、物事を実際に動かすにはどうしたらいいか。

民主党政権で内閣府参与になった湯浅誠《ゆあさまこと》氏は、参与を辞めた後、朝日新聞（12年4月13日付朝刊）のインタビューでこんなふうに語っている。参与に就任してから「政権に取り込まれた」と批判されたこともあった。彼女と共通するところがあるように思える。

「社会運動家としては、問題を世の中に提起し、世論を喚起することに全力を傾注してきました。でも『こっち側』の仕事は『あっち側』に問題を投げ込むまで。そこから先の調整や決定はブラックボックスの中で行われていて自分は関係ない、排除されていると思っていました」

「しかし参与になって、『あっち側』が複雑な調整の現場であることがわかりました。政治家、官僚、マスコミ、圧力団体など利害関係者が複雑に絡み合い、限られた財源の中で何かを増やすためには何かを削らざるを得ないというルールの中で、みんな必死に働きかけている」

「それに気づいてみると、『こっち側』と『あっち側』は現実には地続きで、私たちももともと調整の当事者だったということが見えてきた。これまでは自分で提訴していながら

裁判に欠席していたようなもので、納得のいく判決を得られるはずがありませんでした」

「調整を担うと、原理原則を言っているだけでは済まなくなるからですね。これまでは往々にして『俺は悪くない、悪いのはあいつだ』で済ませてきた。私たちも調整の当事者である、主権者のひとりであるということを忘れていたと思います。主権者をやめられないのが民主主義です。私たちは権限と責任を引き受けなければなりません」

「政治家や官僚が『頑張ったができなかった』と言っても私たちは許さない。結果責任を求めます。だったら私たちも頑張った、で済ましてはいけません。これは私自身の反省でもあるのですが、もう『言いっぱなし』の社会運動はしたくない」

彼女は社民党が政権を離脱してから2ヵ月後に社民党を離党した。民主党に入党したのは、その1年2ヵ月後、11年9月のことだった。

それに先立つ半年前の東日本大震災のときには、菅直人内閣で災害ボランティア担当の首相補佐官に任命された。NPO関係者と官僚を集めて震災ボランティア連携室を発足させ、被災者生活支援特別対策本部の一員として、被災者の暮らし、物資や医療福祉、支援の受け入れ、自衛隊調整などを行った。本部では唯一の女性参加者であり、パーテーションを配るなどきめ細かい支援を心がけた。4月中旬以降は現場を回り、御用聞きに徹した。ＮＰＯ出身の自分だからこそできることがある、と体育館に寝袋で寝泊まりし、伝わっていない政府の施策を宣伝して回った。彼女の補佐官時代、のべ１００万人のボランティアが被災地に入った。

この章の冒頭でもふれたように、彼女は今立憲民主党の国対委員長として、衆院議席3分の2を超す巨大与党と国会運営の最前線で交渉している。就任早々野党の国会質問時間を削ることを自民党から要求され、難題に取り組んだ。市民活動的な明るくクリアな世界とは対極の交渉かもしれない。国民から見えづらく、わかりにくいところで、利害を調整してあちこちに謝り、妥協をしながらも合意点を見いだしていく。しかも、少数野党の担当者として。ばらばらと言われた野党6党をまとめあげ、厚労省のデータ問題を追及して裁量労働制の拡大を働き方改革関連法案から削除させた。森友関連文書改竄《かいざん》でも究明の舵取りを担った。

もちろん、市民活動発というところは大事にしたいと思っている。

「政治家は権力を扱う生き物だけど、私が今考えているのは『権力の市民化』ができないか、ということ。権力を行使するところに市民の参画ができないかと思って。鳩山《はとやま》（由紀《ゆき》

夫《お》）政権で『「新しい公共」円卓会議』というのがあったけれども、政治家と市民活動をする人が一緒になって政策をつくっていった。湯浅誠さんも参与だった。政策立案を当事者とともにしていく。今までは、右肩上がりの時代だから利益配分をすればよかったけど、これからはリスクと負担をどう分担するかという時代。一緒に悩みながら納得感を得るプロセスが必要だと思う」

国会に出てきたとき、市民派議員と言われた。いろいろなことがあって、今もまだ彼女は、「市民」を大事にしている政治家だ。安保や憲法など、ハードなテーマでも安倍首相と論戦を繰り広げながら、普通の人たちと政治をつないでいくにはどうしたらいいかを模索している。そしてプロの政治家として与野党交渉の現場に立つ。

立憲民主党は躍進し、彼女も17年の総選挙では圧勝した。けれども、彼女がやりたいこと、リアルに現実を変えるための与党への道は見えない。ため息をつくことも多いが、ベテランの域に差し掛かり、やらなくてはいけないこと、やりたいことはますます多い。

中川智子

おばちゃんの愛され力

辻元清美が国会にやってきたとき、一緒にデビューした女性の市民派議員はほかにもいた。もう一人の女性議員はブランクを経て、現在地方政治家として歩みを進めている。その人、中川智子氏を次に見てみよう。

おばちゃんの政治

中川智子氏は市民派議員として国会にやってきたが、市民派、というよりも市民そのもの、というか「おばちゃん」である。政界にデビューしたときのキャッチフレーズも「パワフルおばさん」だった。

今は兵庫県宝塚市長として3期目を務めている。

「つらい立場にある人に光をあてて、人の悲しみに寄り添うのが政治家でしょう」

この言葉が、彼女の政治姿勢を一言で表している。その基盤にあるのが生活者としての人生だ。それがすべて政治に生かされているのだ。ただ、ここではもっと親しみやすく「おばちゃん」と言いたい。推進力があり度胸満点、他者への愛にあふれてやさしく、コミュニケーション力があってクリーンというポジティブな意味での「おばちゃん」だ。

もう一つ、包容力という言葉もよく似合う。困っていそうな人に声をかけ、手助けをする。それもごく自然に。そういうあたたかさがある。

そして「思い立ったら即、行動」。行動力は恋愛から政治まで、すべてに発揮される。

さらに、徹底的な根アカと天然の自己肯定力。

「政治をしていて、私なんて、と思ったことは一度もない」

多くの女性が「私なんて」という自信喪失に陥っている。日本人特有のものではなく、国境を超えて共通している。女性の場合は男性と扱いに差をつけられることが多いと、そういうふうに思い込みがちである。しかし彼女にはそれが皆無だ。だから、他者への惜しみない愛情も生まれるのであろう。

彼女は団塊の世代だが、高度成長期に20代、30代だった女性たちは、働く意思や能力がありながらも時代が働くことを許容しなかった。だから、そのエネルギーを地域活動に注いだ女性たちが多い。生協活動や消費者運動が代表的だが、いちはやく介護や保育などの分野で今で言うＮＰＯ活動をしていた人たちも多い。彼女も結婚、出産で一度専業主婦になった後、地域の女性たちとともに保育園をつくり、地域活動に入る。

専業主婦出身でも政治家になれる。子育て経験があって愛にあふれ、生活感覚にあふれ

る主婦こそ身近な社会課題に詳しく、地方政治に向いているのでは、とは筆者がいつも感じていることである。ただし条件があって、度胸や決断力、交渉力が伴えば、の話だが。彼女を例に見てみたい。

もう一つ、彼女を表す言葉があるとしたら、それは「愛」であろう。いつでも愛と笑顔に満ちあふれている。彼女は国会議員1年生のときに、著書『びっくり』を出している。それは自分のロストバージンの話で始まるという「びっくり」本である。からっとしていて、いやらしさや湿っぽさはない。彼女にとって愛が非常に大切なことで、魅力の源泉であり、政治姿勢にも大きく影響しているとわかる。

「人を好きになるって、人生の一番人間らしい生き方だと思っていて、いつでもドキドキ、ワクワクしていることがほかの行動につながっていくと思うのよ」

なかでも愛したのは夫だった。夫の存在が、彼女の政治生活にも大きく影響している。

思い立ったら即、行動

1947年和歌山県生まれ。短大卒業後、就職するが、女性は「お茶くみ」として扱われていた時代だ。会社の仕事は暇であきたらず、組合活動を始める。23歳のとき、一つ年下でまだ学生だった夫に一目ぼれした。「本当にいい男でね。一瞬で恋に落ちたの」。自分はそのときすでに婚約していたが解消して「猛烈にアタックした。母親に彼のためのお弁当をつくってもらって（笑）」。なかなか難攻不落だったが、ついに彼が根負けというか、結婚に至る。

夫の職場が関西だったので仕事を辞めて結婚し、当初は専業主婦として過ごし、この間に保育士の資格を取る。結婚してからの8年間は兵庫県川西市にある2Kの社宅暮らしだった。まさに、絵に描いたような高度成長期の企業戦士の住まいである。

「社宅にはうちみたいに小さな子どもを抱えた若い夫婦がたくさん住んでいてね。夫は朝早くから夜遅くまで仕事で、狭い社宅で一人、慣れない子育てで、うつのような状態になっている女性がいたの」

放っておけない彼女は声をかけ、一緒にランチをするようになる。その仲間はやがて8人に増える。そこで彼女は一つ提案をした。

「下の名前で呼び合うことにしない？」

と呼びかけたのだ。

「今は名前を呼ばれることってほとんどないでしょ。なんだか、この頃、名前のなくなった自分が宙に浮いているみたいで不安だから」

みんなも大賛成した。

「あれがよかったな、って今でも思う。下の名前で呼ばれるなんて本当に久しぶりってみんな言って。旦那にはおい、って言われて子どもにはお母さん、近所の人も、誰々ちゃんのお母さん。そんななかで私がふわふわ消えていく気がして、それで提案したの」

このときの仲間はその後、親の介護などでどうしようもなくなったときなどに、何度も助けてくれることになる。

子どもが2人生まれ、宝塚の団地に引っ越した。これが、宝塚との縁の始まりだ。

「社会との関わりがほしくて、団地の集会所を利用してミニ保育所を開いたの。保育士の免許はあったからね。あちこちの公園や原っぱに出かけて思いっきり遊んだ。近くに畑を借りて子どもたちとイチゴやイモを育て、泥んこ遊びもして。『智子せんせい』と呼ばれて本当に楽しかった。人気が出て入所待ちも出たくらい。今も続いているし、子どもたちとは今でも交流があって、市長選に立候補したときにも心強い支持者になってくれたくらい」

市民活動に足を踏み出したのは、この頃だ。長男が小学校に入り、給食が始まった。学校のカレーがおいしいと言うので学校の給食調理室に電話をしてお礼を言い、カレーのつくり方を聞いてみたのだ。自治体によって給食制度が違うことを知り、授業参観で学校に出かけるときには、調理室に立ち寄って話をするようになっていた。

そして85年、新聞で「学校給食の合理化推進」という記事を見る。文部省（当時）の通達が出て、合理化のため民間委託にしたり、自校調理をやめて給食工場をつくって配送するセンター方式に移行しようというのだ。これは大変なのでは、と思っていたところでまたまた新聞で「学校給食合理化を考える集会」があると見つけて出かけた。

「思い立ったら即行動、だから（笑）。会場で『宝塚から来ている方、一緒に合理化反対運動をしましょう！』と勇気を出して呼びかけて、『宝塚市学校給食を考える会』をつくったの」

ＰＴＡの役員にも立候補し、翌年、学校の教師たちとも連携して2万7000人もの署名を突き付けて、民間委託を阻んだ。

夫の転勤に伴って熊本に転居し、この間、夫の両親の介護問題もおきるが、「社宅時代の友人が横浜にいて助けてくれてね」。こういうときに快く、というよりもむしろ進んで

助けてくれる友人たちが多いところが彼女の人徳であろう。

「社宅仲間の一人は、関東に転勤になって、社宅の場所を二つ提示されたとき、私の義父母の家に近いほうを選んでくれたの」

姑《しゅうとめ》、舅《しゅうと》を看取ったと思ったら、父が末期がんになっていることがわかり、長年の父の願いだった、インドネシアに一緒に行くことにした。父は第二次大戦中、海軍で通訳をしており、インドネシアのジャワ島に赴任していたのだ。

「そこで父が戦後、貿易の仕事をしていたときに非常にお世話になったという男性に会ったの。残留日本兵だったが現地の国籍をとり、いくつもの企業を起こして財をなした人なんだけど、その一つに、乾燥糸こんにゃくがあって。食物繊維が豊富で無農薬、『日本に広めてくださいよ』とお土産に持たせてくれたから、父を喜ばせたい思いも重なって、日本で販売することを思い立ったの」

またまた思い立ったら即行動で販売権をもらい、さっそく営業にかかった。フリマにバザー、生協などにも売り込んだ。自分に意外な営業の才能があることも発見する。

翌95年に阪神・淡路大震災が起こる。宝塚に住んでおり、家も家族も無事だったが、ここからが彼女の本領発揮で救援活動に乗り出した。「困っている人がいるから助ける。それだけ」。物資を集めて届け、避難所には「お風呂はいつでも入りにきてください。洗濯もなさってください。食事はお電話下されば用意しておきます」と張り紙をし、避難所では子どもたちに絵本の読み聞かせをした。「1・17その後の会」をつくり、新聞で取り上げてもらって電化製品を寄付してもらい、仮設住宅に送る活動を始める。「資金が尽きてきたら、糸こんにゃくを売りまくったの（笑）」。最終的に、手伝ってくれた人はのべ２００人を超え、電化製品約７００台を被災者に届けた。

立候補してみた

そして社民党の市民派候補として96年の総選挙に出馬するのだ。震災救援活動で活躍していた彼女が目を付けられた。土井（たか子）応援団の宝塚市議に口説かれた。宝塚市は中選挙区時代の土井氏の選挙区だった。

「少しでも弱い立場の人たちが暮らしやすい世の中にしたいと思って活動してきたけど、なかなか声が中央に届かない。どうしようかなあ、出るだけ出ようかなあ、どうせ当選するはずないし……」

立候補しようと決めて夫に相談すると、最初は反対したものの、彼女が「被災者を救う法律をつくりたい。市民の代表が国政に出ることが大切だと思う」と説得すると賛成してくれた。夫はこうも付け加えた。「僕の人生は、君と結婚したときからあきらめているから」

「君の好きにしなさい、って言ってくれた」

そして、近畿ブロックから純粋比例候補として辻元清美氏に次ぐ名簿順位2位で出馬し、当選した。このとき、辻元氏と中川氏は急な立候補で地盤もなかったため、比例単独での立候補である。自民、社民、さきがけの連立政権時代で、1年生議員の素人ながら与党の政策づくりに参加できた。

まずはとにかく被災者支援法をつくりたいと活動した。焦点は、被災者に支払う支援金で、立法を求めていた市民側は500万円を要求したが、大蔵省（当時）は反対で、両者の板挟みとなった。

「意外だったのは、自民党の大物ベテランが応援してくれたの。話せばわかるんだ、って思った。大蔵省出身の相沢英之《あいざわひでゆき》さんや、幹事長代理だった野中広務さん。渋る官僚に言ってくれた」

彼らを味方につけて被災者生活再建支援法を98年に成立させた。一つ公約を果たしたわけだ。支援金は最高１００万円となった。その後法改正され、今は３００万円となっている。

やがて社民党が連立政権を離脱すると、官僚の態度は一変する。

「それまでは、朝議員会館に行くと、ずらっと並んで官僚が挨拶にやってきた、『何かご用はありませんか』。それが、ゼロになった。資料を見せてと言っても『見せられません』。すごい豹変だった。自民党が与党にしがみつくのもわかる気がしたな」

野中広務との縁

野中広務氏とは被災者支援法にとどまらず、与党時代に深い親交ができた。在沖縄米軍の基地用地使用を継続するための駐留軍用地特別措置法（特措法）の改正を行ったときのこと。野中氏は国会の本会議でこんな発言をした（辻元清美氏が99年の国会で引用したのも同じ発言である）。

「私は昭和37（１９６２）年、沖縄を初めて訪問した。そのとき乗ったタクシーの運転手

が立ち止まって〝あの田んぼのあぜ道で私の妹が殺された。それもアメリカ軍にではないんです〟と言って泣き叫び、車を動かすことができなかった。その光景を忘れることができない。この法律が日米安保体制堅持の新しい一歩をしるすとともに、たいへんな痛みと犠牲と傷を負ってきた沖縄の振興の新しいスタートになりますように」

ちなみにこの発言は、衆院の議事録には載っていない。衆議院規則では「委員長は自己の意見を加えてはいけない」から、削除されたのである。

社民党は与党でありながらこの法案に反対していたが、これを聞いた彼女は、この人は素晴らしい人だ、と感動を抑えきれず、事務所から乾燥糸こんにゃくを三つ持って野中事務所に走っていった。野中氏がちょうどいて、会うことができた。

「私は、今日の野中さんの質問に涙が出ました。あなたみたいな政治家に会えてよかった。本当に素晴らしかった。私も沖縄には同じ思いです。社民党の中川智子といいます。覚えておいてください」

夜、議員宿舎に帰宅すると郵便受けに野中氏からのメモが入っていた。同じフロアの住人だったのだ。「これから困ったことがあったら、何でも相談しなさい」。携帯電話の番号があった。そのとおりに以降、彼女は困ると何でも野中氏に相談するようになる。

野党になったとき、議員会館を訪ねてきた人たちがいた。98年7月、ハンセン病の元患者が国を相手取って国家賠償請求の訴訟を起こしていた。のちに小泉政権時代の01年、熊本地裁が国家賠償を命じる判決を下し、国側が控訴を断念したあの訴訟である。

なぜ彼女を訪ねてきたかといえば、

「『菅厚生大臣が、95年にらい予防法を廃止した後、国会でハンセン病のことを質問してくれたのは中川さんだけでした』って、来てくれたの」

確かに彼女は98年9月の厚生委員会でこんな質問をした。

「療養所の長い歴史の中で、強制的に収容された療養者たちは、社会から隔離されただけではなく、強制労働を課され、断種や堕胎を強要され、数知れない人権侵害にさらされてきた。また、国の行う隔離政策のために、ハンセン病に対する正しい国民の理解が得られず、患者だけではなくその家族も、長い間差別と偏見とに苦しめられてきた」

元患者のよんだ短歌を2首紹介しながら、国家賠償訴訟への大臣の受け止めを質した。

「熊本から宝塚に戻ってきたとき、ちょっとやることがなくて、自分探しでいろいろ勉強していたの。『二つの名前を持つ人』というテーマで伊丹の公民館で勉強会をやってい

て、それがハンセン病の人についての内容だった。彼らは、療養所に入るときにみんな本名を捨てて自分の名前を新たにして生きている。講師は長島愛生園《ながしまあいせいえん》に住む元患者さん。私はものすごい衝撃を受けて、そこへ行きたいと思ったの。それで、勉強会のみんなで愛生園に行ったの」

そのときのことを強烈に覚えていたから、質問したのだった。小渕恵三政権の官房長官だった野中広務氏を紹介し、会ってもらった。その後も、野中氏には何度となく世話になった。野中氏もそれをいつも快く引き受けてくれた。

身の丈で

ほかにも在外被爆者の支援や、輸入された脳の硬膜を移植されて発病した薬害ヤコブ病の患者の救済、介助犬や盲導犬について定めた身体障害者補助犬法など、弱い立場の人に手をさしのべるのが彼女の一貫した姿勢だった。音頭をとって議連をつくり、法律や政策、予算措置に結びつけていった。

行動力もぴか一で、与党を巻き込みたいと、薬害ヤコブ病に関しては考えた末に自民党の（故）中川昭一《なかがわしょういち》衆院議員を訪ねた。中川氏は報道機関を批判する際に「ヤコブ病で脳がスポンジ状態になっている」と発言、患者や家族に抗議され、発言を撤回・謝罪したことがあった。そこで「あなたはこの人たちに罪滅ぼしをしなくちゃいけないでしょう」と、議連のトップになることを要請し、中川氏も「僕もそのことは悪かったとずっと思っていたんだ」と即ＯＫ、一生懸命働いてくれた。中川氏とは顔を知っている程度だったが、お得意の直撃だった。

身体障害者補助犬法に関しては、99年に国会史上初めて介助犬をつれての国会傍聴が認められ、橋本龍太郎氏に議連の会長になってもらい、彼女は事務局長になって、２００２年に議員立法を成立させた。

橋本氏が議連で語った話を今でも覚えている。橋本氏の父、龍伍《りょうご》氏は脚が不自由で松葉杖を使っていた。階段で突き飛ばされ、邪魔だの、もたもたするなだの、いわれのない侮辱を受けた。その父が終生犬をかわいがっていて、傍に座らせてよく話しかけていた。

「それはきっと、家族にも言えないつらさや悔しさを犬に話しかけていたんじゃないか。父が生きていたらこんな法律が欲しかっただろう。自分がつくることで天国の父が喜んでくれる、って。私、思い出すたびにうるうるしちゃって」

彼女の人柄を表すエピソードに、こんな話がある。国会の警備を担当する衛視《えいし》。彼らと非常に仲が良かったのだ。毎回きちんと挨拶して、顔見知りになっていたからだ。

野党が国会採決などのときに、反対の意思を示すために委員長の机に駆け寄り、時には乱闘もどきになることもあるが、そのときに衛視は駆け寄って事故がないように働く。

「反対している私たちは委員長の机の上に飛び乗っていろいろやるでしょう？　衛視さんは本来、そんな私たちを降ろさなきゃいけないじゃない。そうしたらね、降ろすふりをして『支えていますから、大丈夫ですよ』って。みんなもう定年になったわね」

衛視だけではない。清掃職員や食堂の女性たち。おしゃべりしたりして、みんなと仲が良かった。これこそおばちゃんのコミュニケーション力躍如である！　政治家には、自分は勝手に話すのが好きでも、人の話をあまり聞かない、コミュニケーション能力に問題があるのではないかと思われる人が実は少なくなく、特に最近増えてきたように思われる（記者に対してではなくて、一般人に対して、である）。だが彼女はまったく正反対だった。人ににこにこ声をかけて話を聞く能力にたけていた。

決して偉ぶらず、自然体で、普通の感覚を失わない。

「私の夫がいつも、『身の丈でね。はしゃぎすぎないようにね』と言っていたの。市民の代表だと思っていたし、市民というのはこういうものですよと国会議員にも知ってもらいたかったから。あんな特別扱いをされたら当たり前だと思ったり、自分が偉い人だと勘違いしたり。偉くも何ともない。税金でお給料を手にして。私はあるがままで、気後れもしなかった。余裕がなくて表情がない感じの人とかも多いじゃない、かわいそうだなって思ってた」

政治家や官僚、東大出身のエリートばかりに囲まれたが、気後れすることもなかった。

「夫が麻布から東大で。東大であんなに顔も性格もいいなんて、改めてほれなおした(笑)」

冒頭でふれた彼女の著書『びっくり』には、寺山修司《てらやましゅうじ》との逸話が紹介されている。短大2年のとき、大学祭での講演を頼みにいった。一度会って頼んだら、講演を引き受けてくれて、「君とゆっくり話したいから近いうちにもう一度来てください」と。1週間後に再訪し、いろいろと話をした。そのときに「君のそばに座っていると、それだけでポカポカと温かくなるね。心も体も安らげる。君は、その存在自体が、人を幸せにする不思議な力を持っているから、それを大切にするといいよ」と言われたという。主宰する劇団「天井桟敷」に誘われたが、前衛劇には興味がなかったので断った。講演料はいらないから君を

含めた女子大生20人ほどとお風呂に入りたい、と言われた。その約束を果たさなかったことを今でも残念に思っている。

2期目の2000年の選挙では小選挙区から出て落選したものの、辻元清美氏が小選挙区で通ったために比例復活を果たすことができた。彼女はいわゆる「金帰月来」のような地元活動、すなわち盆踊りに出、地道に戸別に訪問し、団体を回り、ということをほとんどしていない。それで再選したのだから、驚くべきことかもしれない。パーティーも開いたことがない。

「2000年のときは、全部まだ途中だったの。被災者支援法はできたけど、ハンセン病もヤコブ病も補助犬も、全部が道半ば。どうしても当選したかった。選挙では必死で『通してください！』と言ったわ。ハンセン病やヤコブ病で一緒に活動していた人たちも来てくれた」

2期目にそれらの全部を一応形にして、区切りがついたという思いがあった。03年の次の選挙では、もともとの党勢の衰えに加えて北朝鮮による拉致問題で、社民党には逆風が吹いていた。

「7年間死にものぐるいでやって、どこかで普通の暮らしをしたいという思いもあったのね。すごく疲れていた。拉致問題のことは社民党にも責任があると思ったけれど、党は向き合わなかったし」

比例復活もかなわず落選した。自分としてはそれで踏ん切りがついた。少し前から夫が北京赴任になっており、そこに行って夫とともに過ごしたいという思いがあった。ところが、運命とは残酷なもので、落選した翌月の12月に最愛の夫が急死してしまうのである。これからは寄り添って暮らせると思っていた矢先のことだったので彼女のショックは大きく、数年間立ち直れなかった。思い出のいっぱいある宝塚では暮らせず、娘とともに東京に移った。政治を思い出すこともなかった。

それなのに彼女は05年の総選挙にも、なぜ？　と言うと失礼だが出馬した。惨敗したが当たり前といえよう。地元活動も何もせず、というより、そもそも地元にもいなかったのだから。法定得票数にも達せず、供託金没収となった。

「あれは無謀だったね。ただ、私を支えてくれた人が、誰も投票する人がいないと言うので、出るだけ出るわって。お金だけ損したみたい」

このままフェードアウトかとも思われた。だがしかし、人生はわからない。

宝塚市長に就任

09年2月に宝塚市長が収賄容疑で逮捕されて辞任し、4月に市長選が行われることになった。なんと、06年には1代前の市長も収賄容疑で逮捕されており、2代連続の逮捕だった。

「市民として恥ずかしくてね。クリーンな人、できれば女性を出せないかと仲間と話していたんだけど、なかなか候補者がいなくて。そうしたらそのうち、みんなの視線が私に向いてきたの」

夫の死の傷もこの頃にはだんだんと癒えてきていた。

「これ以上腐敗した市政は続けられない。私は国会議員時代も企業献金は1円ももらっていないし、市民派のクリーンな政治に変えることができるかもしれない。それから、女性の首長を増やしたかった。それで、エイヤって」

またまた選挙直前、告示の10日前に決めた。

「宝塚は汚職の町になってしまった。再び胸を張って宝塚市民だと言えるようにしたい。市民と政治を近づけたい。遠かったから、今回のようなことが起きる」

そう訴えた。後半から目に見えて手応えがあり、マンションの前を通ると、窓を開けて手を振ってくれる人がいた。衆院選ではなかったことだった。野中氏も応援に来てくれて、6人が乱立した選挙戦を制した。

市民との対話を進めようと、27小学校区で車座集会を行った。2期目はテーブルトークと名付けてテーマごとに行った。市民からの手紙には真摯に対応した。

子どもから「ボール遊びを思い切りできる公園がない。スペースはあっても、近所のおじいさんおばあさんにうるさいと怒られる。怖くて遊べない」という手紙が来たことがあった。自治会や子どもたちも交えて会議を開いたが、近所の人からすれば、寝たきりの老人がいて、子どもが遊ぶ音はつらいという。直接そういう声を聞いて、子どもたちもいったんあきらめた。が、50メートルほど離れたところに、駐車場が広くて有効活用されていない児童館があった。その駐車場をボール遊びができる広場に整備することができた。

前2人の市長が収賄容疑で逮捕されたことから、入札改革も行い、これまでは市長が落札価格を見ることができたが、やめた。ただ、地元の企業への発注も一方では大事だ。だ

から、地元条件をつけたり、分割発注をしたりして工夫する。土木業界や建設業界など団体と行政との話し合いを定期的に持つことにした。試行錯誤は続いている。

財政の黒字化も1期目で達成した。出費を抑えて、だが、必要と思われるところには使っている。図書館の充実を掲げ、すべての市立の小中学校に司書を配置した。それまでは図書教諭がいないために、閉鎖されている図書室が多かったのだ。

「格差とか子どもの貧困というけれど、家に本がなくても、図書室に来ればたくさんの本が読める。本の楽しさを知ってほしい」

評判があまりよくなかった市立病院を立て直そうと、お金を使った。医師の数を約40人増やし、患者数も増えた。まだ赤字だが収益は改善しつつある。

1期目の11年3月に起きた東日本大震災では「市長でよかった」と感じた。東日本大震災被災者支援対策本部を立ち上げた。職員からは、自分たちは被災地でもなくこんなに遠く離れているのに、なぜやらなくちゃいけないのかという声も出た。

「今こそ恩返しでしょ。私たちにしかわからないこともいっぱいある、私たちが動くことでもっと動きが広がるから頑張ろうって言ったら、職員もわかってくれた」

阪神・淡路大震災のときに行政としてこんなことに困り、こういうことに取り組んで、これがよかったというようなことを職員おのおのに付箋に書いてもらい、それを貼り付けて冊子をつくって、1週間後には53の自治体すべてに送った。

「これは評判がよかった。避難所の運営とかいろんなノウハウが役立ったって」

普通の人がする政治

2期目の選挙は日本維新の会公認の候補者とのたたかいだった。維新は橋下《はしもと》徹《とおる》氏を前面に出し、応援にももちろん駆けつけたが、大差で制した。

大型遊園地で廃園となった宝塚ファミリーランドの跡地で、緑が豊かに残っていた場所を市が買い取って、文化施設と庭園をつくる予定だ。

「民間に売ったらタワーマンションになるのが目に見えていたから。市の玄関口だし、豊かな緑は市が責任を持って未来に残したいと思って」

大きな買い物だった。財政見通しを5年後までつくってみたところ、赤字の可能性があったので、16年から3年間、市長が1割、職員も数パーセント給与をカットすることにした。職員も納得してストライキもなく妥結した。

ＬＧＢＴ政策にも取り組んだ。「自治体が一番市民に近いから、自治体が取り組むことが市民にメッセージとして伝わるし、国を追い詰めることにもなると思って」。

15年の3月の記者会見で、ＬＧＢＴ支援策として、同性カップルを夫婦と同等の間柄として認め、証明書を発行する条例の制定に向け、検討を始めることを明らかにした。あえて議会に根回しすることはせず、いきなり打ち上げた。

「事前に議会に相談したら、賛否両論が噴出して収拾がつかなくなると思ったから」

やはり、市議の一部には反対も強かった。市議会では、「宝塚に同性愛者が集まり、ＨＩＶ感染の中心になったらどうするのか、という議論が市民から出る」などという発言も飛び出した（後に撤回）。その後勉強会や講演会を何度も開いている。

16年に、議会を通さずにできる要綱の形で同性カップルを「結婚に相当する関係（パートナーシップ）」として認める宣誓書を発行できるようにした。そう、彼女は物事を進めるために、戦略的なのだ。抵抗が予想される（しかも理不尽な）場合は、理解をしてもらう努力をすると同時に、無用な摩擦が回避されるような手法を考える。

市長になってからも、持論の給食の自校調理方式を続けた。対立候補は民間委託を掲げていたが、彼女はあくまでも自校調理にこだわった。

人生の後半、思いもかけない政治家の仕事をすることになった。良くも悪くもいつまでも素人らしさを失わず、学歴は短大卒、職歴もほとんどなかった彼女だが。

「だからこそ政治に関わるのが大事。自分で子育てをし、地域活動、ボランティアも経験している。教育だって環境問題だって介護だってやってきた。でもそういう人は国会にいなかった。学歴とか有名企業だとか、そういうことばかり言う人は気の毒だと思った。一体何がしたくてここにいるんだろう、って。ほとんどが、政治家でいることが自己目的化しているように見えた。私は一人の生活者として、つらい立場にある人たちに寄り添った仕

18年4月6日、大相撲の巡業で、土俵の下でのあいさつを「悔しい」と意見表明し、話題となった（写真：共同通信）

事ができる、それは立法の場にとても必要なことだと思った。だから、卑屈になることも『私なんて』と思うことも一度もなかった」

自己確信に満ちて、堂々として、かっこいい。おばちゃん力の面目躍如だ。これもまた政治家の大切な要素なのだ。しかもあふれるやさしさと包容力に裏打ちされている。こんな人はなかなかいない。彼女は17年4月、3選を果たした。圧勝だった。

国会議員出身で、彼女のように地方政治で活躍している人はほかにもいる。国政のダイナミックで強烈な経験を地方政治に活かすべく、徳島県議として活動する高井《たかい》美穂《みほ》氏を次に紹介しよう。

高井美穂

「ふつう」が議員になってみた

虚像をつくれなかった人

高井美穂氏は国会議員を経て県議となった。国会議員から知事や市長など首長になるのは珍しくないが、県議というのは少ない。なぜ彼女はそうしたのだろうか。

彼女の地元、徳島県の三好市は四国の真ん中近くに位置する。急峻な山間部に囲まれて目に緑がまぶしく、足もとには祖谷《いや》川の澄んだ水が流れている。彼女はその流れを見ながら屈託なく「徳島、大好き」と笑う。その大好きな徳島の県議を2015年から務めている。県議に当選する3年前まで、彼女の舞台は永田町だった。衆院議員を3期務めたのである。そのときには暗く、くもった表情をしていることも多かった。

衆院議員時代の彼女の魅力を一言でいえば、飾らなくて、率直。

何かにつけて自分を大きく見せようとする人の多い永田町。政治というのは虚像をつくっていくのも一つの技術であり、必要な要素ではある。それがオーラとなり、人を引きつける魅力となって、力となる。アイドルと共通しているといえようか。自分を大きく見せる。偉く見せる。けれどもごてごてと飾り立てすぎる虚飾は、それゆえに空ろさを感じさせ、時に周囲を辟易させる。

たとえば「この、ハゲー！」発言で永田町を去った豊田真由子氏は、エレベーターに秘書と一緒に乗り、後で乗ってきた議員が自分で降りる階のボタンを押そうとすると「政治家はそういうことをするものじゃないの。秘書にやらせるものなの」と言ったという。

高井氏にはそれはなかった。できなかったというべきか。2世でもなく、組織の支えがあるわけでもなく、どこにでもいるような感じ。ほっとさせるというか、「ごく普通」の感じがあった。筆者とは年も近いこともあり、学校の友達に接するように話をすることができた。

「普通の人」は、今の政治で少数派だ。公募システムなども定着してはいるが、朝日新聞の調べによれば、17年の総選挙で自民党では当選した議員のうち29％が世襲だったという。「普通」の彼女の選挙区は、自民党の牙城だった。そこに無謀にも挑み、民主党への政権交代を果たした年には小選挙区でも勝った。

なぜまったく政治に縁のない環境で生まれ育ち、思いがけず政界に足を踏み入れた「普通の人」に、そんなことができたのだろう。彼女の足跡をたどると、普通の人が政治に出るとはどういうことかが見えてくる。

知らなかったからできたこと

1971年11月生まれ。徳島で生まれ育って大学で上京、就職先はダイエー。「バブルが崩壊したばかりで就職氷河期で、ありとあらゆる業種を受けて縁があったのがダイエーだったので」。秘書課に配属になる。

付き合っていた彼と別れ、大好きな祖母が亡くなり、阪神・淡路大震災があり、同期の男性社員が自殺するなどネガティブな出来事が重なった。環境を変えようと98年に休職して貯金をはたいて、米国に留学した。しかしMBAでも大学院でもなく、語学留学というところが背伸びをしない彼女らしい。

「ものすごいカルチャーショック。世界は広いなと。何を勉強したかと聞かれるのも、学部名じゃなくて何を学んだかって。そんなことは考えたことがなかったし。アイデンティティを見直すきっかけになりました」

当時の世界では、99年1月にユーロが決済用の非現金通貨として導入され、同年3月からはNATOによる旧ユーゴスラビアへの空爆があった。

「日本にいるとそこまで（問題に）感じないのに、アメリカにいると世界を身近に感じたし、話題にもなった。世界が次のステージに広がった感じ」

日本が恋しくなって帰国したものの、日本の生活は楽しくなく、閉塞感は高まるばかり。「満員電車に押しこまれての通勤だし、ダイエーの経営も傾いていて。そんなときに限って痴漢にあったり」。

そんなときに、学生時代にNHKでバイトをしていたことから、NHK出身で民主党の衆院議員となっていた小宮《こみ》山洋子《やまようこ》氏と縁ができ、民主党の公募に応募することになる。

「強く勧められて、やってみようかなと。社会を変えたいと思うのならば、政治の舞台なんだろうなと」

そうはいっても、政治の世界に飛び込むのは相当高いハードルのように思えるが。

「私にとっては、徳島から東京に出てきたのも、東京からアメリカに行ったのも、アメリカから戻ってきて政治に入るのも、同じくらいのハードルなんです」

たぶん、知らなかったからそんなことができたのだ。徳島2区でと言われてちょっと調べて、自民党の山口俊一《やまぐちしゅんいち》さんという人がずっと当選しているということはわかったけれど、どのくらいどう強いのかもわからない。みんな「政治は大変だよ、そう甘くないよ」

と言う。でも、どう大変なのかもわからない。選挙といわれたってどうやるのか想像もつかない。そもそも選挙制度だってよくわからない。わからないことだらけだ。

もちろん両親は大反対。

「当選するわけない、政治に縁のない家なのに、何バカなこと言っているんだっていうわけです」

秘書をしていたダイエーの副社長に会いに行って「選挙に出ようと思うんです」と言ったら、同じく「は？　何バカなこと言って」と言われた。

99年の9月に会社を辞めた。大学では英文科でシェイクスピアを専攻したが、そこで一番惹かれた言葉が、「ハムレット」に出てくる「to be, or not to be, that is the question」だった。

「人生における最大のテーマが、生きるか死ぬか、やるかやらないか、進むか退くか、to be, or not to be の決断の連続だっていうのが本当にそうだなと思って。それですべて言い尽くされる」

この決断が彼女にとっての「to be, or not to be」だったわけだ。

政治の世界がわからないから飛び込めた。これから先にどんな世界が待っているかを少しでも知っていたらそんな勇気は出なかっただろう。若さゆえ、知らなかったゆえ。しかも、度胸は良かった。

「全然知らなかったからね。無知というのは怖いですね。わからんからできる恐ろしさ。我ながら怖い、怖い」

初めての選挙

さあ、選挙活動だ。当時の永田町は小渕恵三政権時代で、すでに96年秋の前回総選挙から3年たっており、いつ解散してもおかしくなかった。徳島2区の中でも都市部で票田と思われる鳴門《なると》市に事務所兼自宅を構えて引っ越した。労組を回り、組織、大会、車で連れて行ってもらってひたすら挨拶した。といってもどう挨拶したらいいのかもわからない。

「私、今度の選挙に出るんです。よろしくお願いします」

総じて、反応はあたたかくはなかった。

「へえ、ええな。で、何するの？」

「政治を変えたいんです。女の人がおらんし、若い人がおらんので、やりたいんです」

「へえ、ええな」

シーン。

「そういう冷ややかな視線も感じないくらい緊張していて、もういっぱいいっぱい。毎日毎日新しい人に会い続けるのはエネルギーがいるでしょう。へこみっぱなしという感じ。思い出すのも全部が嫌」

でも、後悔しなかった。

「やりかけたら、私はこうやけん。しぶといのが身上だから。やる前に三つ、決めたんです。弱音を吐かない。絶対に義理を欠かない。あとは、分に応じたことをしようと」

毎日、毎日人に会い続けては頭を下げた。酒席にも出る。胸やお尻をさわられたこともある。わけのわからないうちに、9ヵ月で選挙が来た。選挙は、始まってしまえばもう怒濤のごとく、本人はみこしの上だ。とにかく、選挙カーに乗って、演説して、車から降りて走って握手して……の繰り返しだ。

うれしい経験、胸がいっぱいになるようなこともたくさんあった。

選挙カーに乗って街を走っていると、家から出てきて、「一度会いたかったんよ」「頑張って」と声をかけ、駆け寄ってきてくれたり、日暮れには山中の家からペンライトを振ってくれたりした。

「選挙が始まるまでの9ヵ月は、まさにドジョウのように泥の中をはいつくばって、ごそごそしていたんですけど、選挙が始まったらいきなり表舞台でしょう。それまでの稽古は観客ゼロだったのに、主役として壇上に立ったら、こんなにたくさんの人が来てくれて、自然に言葉も出てきた」

約6万票取ったが落選して、比例復活もならなかった。山口氏は約7万7000票。大健闘といっていいかもしれない。なぜそこまで取れたのだろう。

「行けば行くほど、たとえ冷ややかであろうと、からかい半分も含めて、票を入れてくれるんですよ。山口さんがもっと気を引き締めてやるためにも、今回はこちらに入れてみようと思った人もいたかもしれない。それに、私が出ることによって、政治との接点がなかった人の声を拾い集められたかもしれない」

でも、落選は落選だ。

28年の人生のなかで一番頑張ったのにだめだったから、やめようかと思った。

徳島1区から出ていたベテラン、仙谷由人《せんごくよしと》氏はそんな彼女を連れ出してご飯を食べさせてくれ、慰労《いろう》してくれた。

「大変だったし、悔しいだろう。世の中で選挙ぐらい難しいものはないけど、選挙ほど人生勉強になることはないんやで。僕でも選挙を何回もして、落ちたりもしとるけん」

それで、仙谷氏はこんな話をしてくれた。初めての選挙はこんなに簡単なものかというくらいあっけなく通ったのに、2回目の選挙は万歳をした後に落ちた。その後、お礼に回ったときに、けっそけそに言われた、と。「お前、調子にのっとるけん、こんなになるんだ」「議員のときの態度悪かったぞ」……。

なんでこんなことを言われなくちゃあかんのだ。涙をのんで苦労して、いろいろなことを犠牲にして、それで泥沼の選挙をたたかって、何万票も集めているのに、なぜ、敬意を払ってもらえないのか。悔しくてやめようと思った。それで、大塚製薬の社主である大塚《おおつか》正士《まさひと》さんにお礼に行った。大塚製薬は徳島から始まった企業で、工場は今でも徳島にある。すると、大塚氏は「仙谷君、おまはんな。なんでわかってもらえないのかと思うだろう。しかしな、竹に節があるように人生にも節があって、そういうときもあるんや。そういう気持ちをぐっとこらえて、また平常に戻って頑張りな。そうしたら、竹の節やから、開けるときがある」と。

仙谷氏は言った。

「君はまだ何も知らんのやからこれからや。ここから政治家としての歩みが始まるから、もう一回出てほしい。職業政治家を目指して。女性は職業政治家みたいな人がおらん」

　そう励ましてくれた。

続けることにした。一度足を踏み入れたら、「しぶといのが身上」だから。

「悔しかった。だからその後、必死で9ヵ月間、一日も休まずに活動して」

政治家浪人

　それから、03年の選挙までは浪人生活だ。ひたすら戸別訪問をした。公職選挙法で、選挙期間中の「戸別訪問」は禁止されている。しかし、ふだんの政治活動として、家をたずねたり人と会ったりすることは構わない。歩き回って地元の人たちとふれあう日々はつらかったけれども、政治の仕事の面白さや醍醐味も少しずつわかってきた。

「たとえば畑仕事をしているおばあちゃんに声をかけますよね。すると、『若いのに、よう頑張るな。こちらこそ頼むでよ。助けてよ。こんなところで生活しよるけん、足も痛いけどね』って。本当に腰がまがっているのに。70年も80年も生きてきて、小娘に頭を下げ

てくれて。謙虚さと勤勉さを、こういうところからも学びました。ああ、頑張らなくちゃなあ、って思う。頼られるのがうれしいというか」

一軒一軒、気づいたことや言われたことをノートに記しながら回り、政治の役割を認識した。

「都会のさらっとした文化と違って、頼るところは政治なんです。衆院議員のことを代議士というけれど、まさにその地域のことを託されて代わりに議会へ行く人。これこそが政治家としての使命。ここにいる人みんなは行けないから、託されて行くんです」

政治とは人間のいろいろな面を見る職業だ。政治家を見る、という意味でもそうだし、政治家が有権者を見る、という意味でも。

「いろんな人に会います。社会的な偉い肩書を持っている人たちも、酒席では違ったり。コンパニオンさんへの接し方とか。ええっ、て思うようなことを平気でしたり。仙谷さんの言っていたとおり、選挙ほど人間を学べることはない」

03年の選挙がきて、山口氏が約7万2000票、彼女が約6万2000票で比例復活する。

ただ、愕然ともした。3年半頑張って、これだけしか票は増えないのかと。

地獄が始まった

いよいよ国会へ。登院初日はメディアも注目する。若い女性ということもあり、バッジをつけてもらうときは多くのカメラが殺到した。決して晴れがましい気持ちではなかった。

「あんなにフラッシュを浴びて。異常やと思った」

そこからが「地獄の始まり」だった。

「だって、何も知らん、政治用語がわからん、国会のスケジュールもわからん、誰も教えてくれる人がおらんかったし」

秘書や官僚、マスコミ出身だったら、国会の春秋もわかる。だが彼女は違った。まず、国会本会議で議員たちの緊張感がないのには驚いた。メールなどの内職をし、しゃべり、居眠りしている。

委員会を割り振られ、質問をして……と、目の前のことに必死に取り組むうちに1年くらいしてようやくリズムがつかめるようになってきた。

浪人中に結婚し、長女を出産していた。政治家になって子どもを産むまで相当時間のかかった野田聖子氏などとは世代の違いを感じさせる。といっても、女性国会議員で初めて産休をとったのは、01年、民主党の衆院議員だった水島広子《みずしまひろこ》氏だ。

当選後は、長女を実家に残して上京した。金曜日に地元に戻り、週末は一緒に過ごして月曜か火曜に帰京する。第2子もほしいと思って妊娠した。産休に入ったタイミングで、05年8月8日、小泉純一郎首相は衆院を解散した。いわゆる郵政解散である。法案に賛成か反対かで、自民党の「造反組」も入り乱れて、ぎりぎりの票読みが続いていた。出産したのは6月28日。法案の衆院採決は7月5日。5票差で可決された。

「1票差だったら、私の責任だから、議員を辞めようと思っていました」

選挙は産後1ヵ月で、体力的にぼろぼろになりながら、なんとかたたかった。山口氏が「造反組」で、「刺客」が立ったこともあり、保守が分裂した。落選したが、民主党議員陣営の選挙違反があり、議員辞職があったため、3ヵ月後に繰り上げ当選した。

戻った国会は、自民党が3分の2を占めていた。この2期目で、議員立法も行う。青少年インターネット環境整備法だ。子どもが安全かつ安心してネットを利用できることを目的として、フィルタリングなどの普及も整備する法律だった。議連をつくり、事務局長となった。法案をつくり、国対で与野党の交渉をして練りあげていく。与党が教育基本法をつくったときに、対案づくりもした。国会の答弁にも立った。

「当選して年数を重ねていくごとに、違う風景が見えてくる感じで。山登りの1合目から2合目、3合目と植生が変わってくるのと同じです。それに伴う責任の重さも感じて、必死で大変だったけど、不器用なりに一生懸命やりました」

「これが権力か」

09年、民主党への政権交代の選挙を迎えた。今まで応援してくれなかった人が、オセロゲームのようにぱたぱたっとこちら側に来た。車で走っていても、街のあちこちから湧いてくるように人々が出てきた。手の振り方も一生懸命なのがわかった。

初めて小選挙区で当選して民主党は政権交代を果たした。念願かなって民主党にははしゃいでいる議員も多かった。金と権力を握ったから人も途端に寄ってくる。だが彼女は「すごくびびっていました。責任の重さに、ひえーと思って、ブルーな気分」。彼女らしい。

09年９月、政務官となった（写真:朝日新聞社）

「これが権力か、と思ったんですよ。こっちは全然変わっていないのに。最初出て落ちたときから。周りがいきなり変わることに、すごい戸惑いはありますよね。私は怖かった。だって、高井美穂は変わっていない」

鳩山由紀夫内閣で政務三役入りを果たす。文部科学大臣政務官となったのだ。鳩山内閣では、各大臣が副大臣と政務官を選んだ。文部科学大臣は川端《かわばた》達夫《たつお》氏。副大臣は鈴木《すずき》寛《ひろし》氏と中川《なかがわ》正春《まさはる》氏だ。川端氏は当選8回（当時）を重ねたベテランで、京大工学部の大学院から東レの技術者だった経歴を持ち、国会対策畑が長い。鈴木寛氏は通商産業省（現経済産業省）から慶大助教授を経て参院選に出て、マニフェスト作成の中心人物の一人であり、文科政策に詳しかった。

「すごくいいチームだったと思う。川端さんは経験も豊かで、シャープ。技術者出身で科学技術にも詳しいし。鈴木さんはビジョンもあって政策もよくわかっていて、官僚機構の使い方にもたけていた。チームワークもよかった」

　まず取り組んだのが、マニフェストでも目玉政策の一つだった高校無償化だった。政務三役で議論を重ねながら進めて実現した。10年の通常国会で通ったのである。民主党政権の成果の一つといっていいだろう。

　与党であるとはどういうことか。政策が実現する。官僚の態度がまるっきり違う。

「日本最大のシンクタンクとはこういうことかと思いました。1聞くと、野党時代はその分の資料しか出てこなかったのが、5くらい出てきて、厚みが全然違う。ご関心は、こっちはいかがですか、あっちはどうですかと次々にオプションが提示されて、ご丁寧な説明もついてくる。だから、取り込まれるというのもわかるというか。知識の量が全然違う」

　毎日が楽しかった。ところがこのとき党内にはきしみが生じていた。熱気と高揚感あふれる閣内の人々と、閣内に入らなかった人々との間にあまりに落差があったのだ。前者は見るもの聞くもの新しく、次々にやることがある。官僚が寄ってきて政策が実現する。予算を自らの手でつくっていく。与党を日々実感する。だが後者は……。

　前者が注目され輝けば輝くほど、後者は、せっかく与党になったのにという怨嗟《えんさ》がたまってくる。予算権を握ったのに、予算編成に自分の声が反映されない。ようやく、それが

できる状態になっているというのに。

「（政務三役入りした人とそうではない人の落差は）めちゃめちゃ感じました。夜の会合とかいろいろなところで会うにつけ、言葉の端々に。こちらも負い目を感じたというと変なんですが、閣外の同期生に『飲みにいこうよ』と誘っても『いいよな、政府に入ってるから』と言われたり。逆に、誘われても『今日は文科省の式典があるから』と言うと、『いいよな』となるし」

同じ与党といっても、閣内と閣外とでは情報量も圧倒的に違う。大げさに言うと、閣内議員対閣外議員の対立構図になってくる。閣内と閣外の落差が激しくなりすぎて、亀裂を生み、広がっていったのだ。

民主党政権を中から見ると

鳩山首相が1年もたたずに退陣して菅直人首相になると、閣僚人事が行われた。以降は、同じ総理の間でも何度も閣僚人事があった。自民党政権の反省として閣僚がころころ替わりすぎるというのがあったはずなのに。東日本大震災も起き、民主党政権にはどんどんきしみが生じていく。12年には、思いがけず野田《のだ》佳彦《よしひこ》政権でもう一度閣内入りする。小沢一郎一派が離党した際に一緒についていった文科副大臣が抜けて、その後釜に座ったのだ。４月に就任して、任期は半年あまりだった。

「国会もねじれになっていて、党も下降線で、前向きの法律をつくるというより、リスク案件処理みたいなものが多くて」

　副大臣になっても、晴れがましい気持ち、うれしい気持ちはなかったという。

「党が分裂して、お前のところはどうなってるんだという中でなったから、全然うれしくないです。途中で替わると役所だって振り回されるし。こんなに替わりまくったらいかんと思っていました」

　といっても彼女も党という組織の一員、幹部にそんなことを言えるわけもなく、たとえ言ったとしても、何も起こらなかっただろう。こんなふうに率直に素直に心情を吐露するのが彼女の普通さであり、長所なのだ。多くの政治家は、体面や見かけを気にしてこんなに正直にはなかなかなれない。あるいは、登用されたうれしさにはしゃぐか。彼女がいつもどことなく客観的なのも、その出自ゆえ、良くも悪くも政治業界にどっぷりつかっていなかったからだろう。

11月には国会が解散して12月に総選挙。万歳をして地元に戻ると、コアの支持者以外は前回の選挙では応援してくれた人も冷たかった。「期待したのに、全然あかんかったな」「さっぱりやな」「あんたのせいではないけど、もう応援できんな」……。

「できたことはあるんです。高校無償化もできて、子ども手当も半分は進みました」

精一杯そう答えても、誰も「よかったね」とは言ってくれなかった。

民主党政権の何が失敗の原因だったか。

「経験不足ですね。統治をするということへの経験が足りなかった。党内統治すらできなかったし、国家を統治するということにも準備ができていなかった。フォロワーシップもなかった。リーダーシップも大事だけどフォロワーシップも大事なんですよ。みんながリーダーになる必要はない。組織を動かすときにフォロワーになる人たちが大事なんです」

彼女は落選した。

彼女について、後見人役で相談相手でもあった仙谷氏に聞いた。

「民主党じゃなきゃ、ああいう人は出てこなかったでしょうね。彼女を徳島から出すことになったとき、支援者からは『お前、何考えてんの？　何も知らないお姉ちゃん出して』と言われましたよ。

彼女が出る、というのは女性が政治をなぜやるかということだと思いますがね。男性だけだと法律制定者側だけの発想から抜け出せんのではないかということですよ。男中心の社会から、女が権力統治の側に回る。辺境だからこそ物事が見えるというか、新しい価値を取り入れる勇気があると思いますな」

確かに、当時の民主党でなければ、彼女が国会議員になることはなかっただろう。

県議への転身

落選中に県議に出ないかと声をかけられて、転身を決めた。14年の衆院選、総選挙は決心した後だったから出馬しなかった。

15年の県議選に無所属で出て当選を果たす。異例の転身だ。いろいろと言われた。「政治家だったらなんでもええんか」「食い扶持《ぶち》が稼ぎたいんか」。

「でも私はしぶといので、そんなことは気にしないんです。お好きにどうぞおっしゃってください、と。やり続けることがすべて」

県議になって国での経験が生きていると感じる。

「だんだん勘所がわかってきて。補助金のシステムでも、橋の架け替え一つでもいろんな手段があるんです。たとえば災害対策でいくかとか、社会資本整備でいくかとか。いろいろと探りどころがあるから、それを昔の国会議員の友達の秘書さんに頼んで、聞いてもらって資料を取り寄せて。人とのつながりもあるので、知恵のしぼりどころがある。逆にこちらから、いろんな機会を通じて、こういう制度が必要なんです、と言っておいたりね」

今は、生活のなかの身近な不都合の解決を、政治で図っているわけだ。

となると、私たちが何かこうしてほしいと思うことがあったら、政治家に相談してみたほうがいいということか。

「絶対にそうですよ」と、彼女は力をこめるのだった。

「だって、言わなきゃ始まらないもん。ただ、県議とか受け止めるほうが地域のことをよくわかっていて、徹底的に歩いておかないとあかん」

しかも女性の彼女だったら、言いやすいかもしれない。ふだん、政治に縁遠い人々だったらなおさらに。

「言われたことはありますね。言いやすい雰囲気をいかにつくってあげるかですね。私も、政治をする女の人って変わってるとか、ずっと言われ続けていて、『テレビとかで見たら、もっとケンケンしたおばちゃんかと思いよった』と言われたり」

女性にとっても、地方議員というのは両立しやすい職業だという。

「子育て、介護と両立するには地方政治家はいいと思います。最初に出馬するときは半年くらい前から徹底して地元を回るのが必要だけど、1回当選したら次は4年後だし。それに、日々の暮らし、買い物をすることも、PTAの役員をすることも、ボランティアをすることも、選挙活動にもなれば政治の課題を見つけることに直結してくるから」

国政に戻ることは、将来的にも「ない」と言い切る。

「私、5回も衆院選をして、昔の名前で出ていますみたいなのはだめだと思うんです。そんな生半可なものではないと思う。元副大臣の肩書で出るなんて恥ずかしい、かっこ悪い。私は能力的にも無理だと思うんですね。私は自分に失望したんです」

大きく見せようとする多くの政治家のなかにあって、「私は能力的に無理」と言ってしまえるところが、率直、素直、正直であるこの人の魅力だ。飾り立てたり嘘をついたりしない。そんな彼女は今、ようやく自分が生き生きと働ける居場所を見つけた。

「私、やりたい別のものを見つけたので。それが地方自治です。地方でやることのほうが面白いって今、実感があります。国のようにシステムから直すとなると、あまりに大きす

ぎて、無力を感じることも多いんですけど、今は、医者みたいに目の前にいる人をすぐに治すことができる、そういうことへのあこがれがあって、今はできているから、幸せ」

彼女と久しぶりに会ったとき、バッグに本が入っていた。東野圭吾《ひがしのけいご》の本だった。

「地元の図書館で借りたんです。もう、図書館の愛用者。毎週行ってる」

読書が好きだが、本もすぐ買わずにできるだけ図書館で借りる。一人の生活者である。彼女は地方政治という自分の居場所を見つけた。

高井美穂氏は地方自治が天職というが、地方政治に変革をもたらした女性政治家といえば、この人がいる。滋賀県知事だった嘉田由紀子《かだゆきこ》氏だ。本書の最後は、国政で活躍はしていないが、知事として大きな仕事をやり遂げた彼女を紹介したい。

嘉田由紀子

それは
「サプライズ」ではなかった

政局を読む力と功績は別である

滋賀県知事を2006年から14年まで2期務めた嘉田由紀子氏は、誰も知らないところから突如現れた。彼女のことは既存の政治家も、官僚も、メディアも、まったくノーマークだった。いわゆる政治の世界に住んでいた者は誰も、彼女が知事選に初出馬したときには当選できると思わなかっただろう。何しろ、彼女のライバルとなったのは、3選をめざす現職に、自民、民主が相乗りで推薦していたのだから。

彼女はその後、17年の総選挙に出馬した。原発ゼロの理念に賛同したとして、希望の党からの出馬を模索したが、小池代表の日々変節する言動もあったことから無所属で出て、自民党候補に惜敗した。社民党から女性候補が出て票を食われたということもあった。最初から野党連合で立候補をめざせば、当選できたかもしれない。社民党の女性候補と、彼女の票を足すと当選した自民党候補の票を上回っている。

彼女は政策形成力やコミュニケーション力など、政治家として非常にすぐれた資質を兼ね備えているが、政局のタイミングを読むことにはたけていない。実は彼女が政局を読み違えて失敗したのは今回が初めてではない。知事の末期に小沢一郎氏と連携して新党を結成し、自らは出馬しなかったものの党首として総選挙に打って出たが、惨敗に終わった。政治家には政策だけではなく、政局を読む力も必要なのだ。

だからといって、滋賀県知事としての彼女の功績がくもるわけではない。2期務め公約どおり新幹線新駅を中止し、六つのダム計画を止めた。政治塾を開いて政治家の育成もした。

矛盾したことを言うようだが彼女が知事に初出馬したときは、むしろタイミングだ政局だとまったく気にしないで出たことが勝利へとつながった。こういう一か八《ばち》かの勝負があたることがあるから、政治は面白いのである。

彼女は、組織や血縁のバックを持たない人が、なぜ政治家として足跡を残すことができたのかを探るモデルとして、非常に興味深い。

彼女の足跡を丹念に見れば、実のところ彼女が知事に当選したのは必然ともいえるようなさまざまな条件や基盤を兼ね備えていたことがわかる。既存の政治家やメディアといった政治の「プロ」が気づかなかっただけのことだ。

男はあてにならない？

彼女は1950年に埼玉県で生まれた。彼女の生き方には彼女の母の人生が非常に影響している。母は1920年に埼玉の本庄の篤農家に生まれる。女学校を出て小学校の先生をしていたが、戦時中に地主の長男に嫁ぐ。戦後の農地解放で土地の8割を手放したが夫は遊び人で、母は働きに働いて彼女を産んだ2年後に結核になる。末っ子の彼女とともに実家に帰されて離れに住んだ。内職をしてどうにか薬代を自分で稼いで治す。

母と婚家に戻ったが、彼女の高校進学のときに母の舅、すなわち祖父が「女は上級学校に行かなくていい」と言い出した。しかし、母が「女の子も勉強しなさい。大学に行きなさい」と自分で稼いで学費を出してくれた。

「男はあてにならない。女の子も一生稼ぎなさい」と母に言われ、それで、仕事と家庭を両立しようと決めた。

「まさに明治のイエ制度の権化のような家で。薬一つ自由に買えず、なんで女はこんなに苦しいのかと思って、農学を勉強して農村家族を研究したいと」

それで、大学は農学部への進学を決めた。中学校の修学旅行で比叡山延暦寺に行き、その歴史と自然に高校時代に感動したので京都大学に進んだ。京都大学では探検部に入ることが目的だった。

今西錦司《いまにしきんじ》他の『人類の誕生』、梅棹忠夫《うめさおただお》の『サバンナの記録』、中尾佐助《なかおさすけ》の『栽培植物と農耕の起源』を読んで目を開かれていた。３人とも京大探検部の創設応援団だ。

「人類の誕生ってアフリカなんだ。母が散々苦しんだ家族、家の起源ってなんなんだろう」

農業や農村に興味はあったが、理系というよりも社会科学、特に文化人類学に関心があった。人間のライフスタイルとしての農業だ。梅棹研究室に出入りしてアフリカを勉強し、スワヒリ語を学びながら、梅棹氏が主催し、今西氏や桑原武夫《くわばらたけお》氏の集う研究会や、近《こ》衛《え》ロンドという文化人類学会の若手懇談会にも参加した。そうそうたるメンバーの議論に耳を傾け、今に至る財産になっている。３年生の夏から冬にかけて念願のアフリカ行きが実現し、タンザニアの村に半年住みこんだ。

農学部は３００人中女性は30人だった。就職は、「名だたる企業は一切女性を入れてくれなかった」から、公務員か研究者になるしかなかった。アフリカでの学びもあり、環境

研究者の道を選び、大学院に進む。

水と人間の資源の問題を勉強したいと、ウィスコンシン大学に留学する。探検部の先輩と結婚し、二人で渡米した。米国では長男を出産し多くを学んだが、「水と人間の研究では日本こそが持続的と指導教授に日本での研究をすすめられ、琵琶湖を思い出して、研究場所にしたんです」。博士論文のテーマは「琵琶湖の生活環境史」だった。

帰国後は2年間、専業主婦生活だった。夫の実家は大阪で信用金庫の経営をしている地元の名家で、「主婦の鑑のような人」の姑に背中を見られ、一挙手一投足、みっちり指導された。

「洗濯物はすべて糊付け。地域の名家ですから、お中元・お歳暮は400個も届く。どこから来たかをメモして、いただきものを包み直して回す。人とのお付き合い、電話も、すべて備忘録にしてお礼状やらお返しやら。そういうきめ細かなコミュニケーションは、後の政治家生活に役立っていますね。信用金庫の理事長をしながら地域の商工会議所の会頭をしていた舅からは、商売や中小企業の仕組み、経営上の工夫や地域経営の仕方などを耳学問で教わりました」

再び大学院に行きたい思いが募るばかりで、姑は反対したが、舅は女性もこれからは勉強したらいいと賛成してくれた。だが40年前の当時、保育園がない。京都市役所では「学生のくせに子どもを産むのは生意気だ」と受け付けてもらえなかった。仕方がないので、夫の実家に預かってもらい、週末だけ子どもに会いに行く生活となった。大学院に復帰した翌年に次男を身ごもり、保育園をどうしようかと悩んでいたときに、たまたま滋賀県大津市の比叡平《ひえいだいら》に住む友人の家に遊びに行った。その友人にも子どもがいたが、非常勤の仕事でも保育園に預けているという。大津市役所に行くと預かってくれると聞き、すぐに比叡平に土地を買って家を建てた。

「このときに、政治の力を知って、政治に救われたんです」

当時、大津市長だった山田《やまだ》耕三郎《こうざぶろう》氏は子育てなど福祉政策に力を入れていたのだ。大津方式と言われる乳幼児政策も先駆的に進めていた。

無事博士課程が終わったときに、滋賀県の琵琶湖研究所が人を募集しているのを知る。琵琶湖研究所のアイデアを出したのは梅棹忠夫氏だ。

「自然科学と人文、社会科学を総合した研究をすることをめざしていて、まさに私がやりたかったことでした」

70年代には琵琶湖の汚染が社会問題となり、洗濯に合成洗剤でなくせっけんを使おうと

いう運動が起きていた。74年からは武村正義《たけむらまさよし》氏が県知事となって79年に琵琶湖の富栄養化防止条例ができた。環境問題に取り組まねばいけないという雰囲気が社会の中に醸成されていた頃だった。

農学者から政治家へ

81年に研究所に入り、85年に琵琶湖博物館をつくるという提案をした。環境を今でいう「ジブンゴト」化してもらうために、住民参加型の博物館へとつなげていった。開館は96年のことだ。89年から、研究所のプロジェクトの一環として、住民参加によるホタル調査を始めていた。ホタルや水辺の遊び、湧水などの調査でも住民を巻き込んで、ボランティアを募って自分たちで調べてもらうようにした。

「本気になってもらうには、自分たちで調べてもらうしかない。他人にどんなデータを示されても関心を持たない。ジブンゴト化です。ジブンゴトという言葉は今流行《はや》っていますけど、最初に使ったのはたぶん私ですよ」

研究所では徹底的に水と暮らし、環境をテーマに地域を歩いて調べた。

「おばあちゃん、ホタルいない？」「水道が入るまでの水はどうしてた？」「湧き水は、どうやった？」

「昔からの自然との共生が恥ずべきもの、忌むべきものという近代化の思想になってしまって。そんなところに『カバタ（川沿いや湧水の洗い場）はいいですよね、だって水道はいつ止まるかわかりませんやん。ホタルもいるし』と言って回りました」

住民の生活、記憶を記録して何百集落と歩いた。

「たとえば、ホタルは単なる虫ではないんです。万葉の昔から、和歌にも古典にも登場する。日本の水の文化の象徴です。そういう環境文化、生活文化を大事にしてほしかったし、記録に残したかった。滋賀の誇りにしましょうと言いたかった」

水と暮らし、生き物のつながりに着目した博物館の展示は人気を呼び、初年度は１００万人の来場者があった。地域をきめ細かく歩いていたから、実情もよく飲みこんでいたし、彼女自身も地域ではよく知られていた。これが後の政治生活や選挙での基盤となった。

学問の世界だけでなく、水という観点から行政との関わりも始まっていた。それまで学者として研究してきたことを政策に取り入れる活動だ。

国の省庁の審議会の委員にたびたび選ばれた。環境がわかり、現場を知っていて海外の事情にも詳しい。しかも女性だということで、環境省、国交省から文化庁まで声がかかった。言うべきことは言うが、極端な論者でも原理主義者でもない。バランスもとり、落としどころも理解している。だから行政機関からは重宝された。

学問の成果を政策として実践する……その意識は以前から明確にあった。

「学問は論文を書くためではないし、本を書くためでもない。世の中を良くしたい。子どもが幸せに生まれ育って社会全体が満足に暮らせるように環境を破壊せず、水との共生型の社会を次の世代につなげたい。だから環境学をやってきた」

95年の著書『生活世界の環境学』（農山漁村文化協会、95年）で、かつて琵琶湖にたくさん生息していたシジミが減ったことについて、「いまさらダムをこわすことなんてできないだろう。水質改善よりもむずかしそうだ。なんだかこういう体制にかかわる話になると私自身の無力感がつのる」と、政策にコミットする必要性を感じさせる記述をしている。

利権がらみの政策

彼女の研究の延長線上には政治があった。だから、政治の世界に入るのは必然、当然だったのだ。

2000年に京都精華大学の環境社会学教授になり、01年に国交省の近畿地方整備局に設けられた淀川水系流域委員会のメンバーとなる。ダムの整備も検討テーマの一つだったが、彼女は琵琶湖の環境保全のためには、ダムをやめて生態系の保全の仕組みをつくるべきだと考えていた。02年にあった滋賀県知事選に出馬することもちらっと考えたが、大学の教授になったばかりだし、嘉田の家との関係もあったので断念した。

彼女の中では、知事選への出馬というのはかなり前からリアリティがあったのだ。

「私は誰よりも滋賀を勉強して滋賀を隅々まで知っているから、自分が知事をやったら必ず善政を敷けるという自信がありました」

地域も歩いていたし県の予算の仕組みも熟知していた。博物館をつくるための予算は250億円で、予算をどう獲得するか、議会の仕組みや対応、予算編成から執行、政策立案

から実行に至るまでの根回しや挨拶回り、県庁の各組織との調整なども日々行っていた。行政組織の意思決定や議会との関係も理解していた。地方の行政と政治の要諦を実は身に付けていたのだ。

淀川水系流域委員会では05年に、膨大な議論の末、淀川水系5ダムのうち丹生《にう》ダム（滋賀県余呉町《よごちょう》）や、大戸川《だいどがわ》ダム（滋賀県大津市）の整備を「賛成できない」との見解を表明した。ところが、当時の國松善次《くにまつよしつぐ》知事は相変わらずダム推進派だった。

同じ年の11月に、アフリカのケニアで世界湖沼会議があった。彼女はアフリカのマラウイ湖の研究をしていたので、その年は学生を連れていった。滋賀の県議会議員と知事も来ていた。が、県費で参加した県議会議員は、国際会議では一緒にケニア郊外の下水処理場をバスで見に行くと横柄な態度で「こんな臭いところになんで連れてくるんだ」と言った。

彼女にとって、そんなふうに違和感を抱いていた地方政治の象徴が、新幹線の新駅だった。

「利権がらみの県議がいて、その人たちに引っ張られてあの場所（栗東市《りっとうし》）になった。大津市内の廃棄物処理場の問題もありました。これも県議がらみで土地を県が購入して、買ったからには何かしなきゃというので廃棄物処理場をつくることになった。地元が反対運動で大変なことになりました」

それで「私、頭にきたんです。ダム、新駅、廃棄物処理場……必要性の前に、県議から動かされている。これをやっていたら滋賀県は良くならない。それまで、社会を変えるために大量の本を書いて、論文を書いて。それでも琵琶湖の政策一つ変わらない。ダム一つ止められない。政治家をやるしかない」。

型破りの無謀な挑戦

年が明けて06年、7月に知事選がある年の2月の県議会を傍聴に行った。新幹線新駅の住民投票が議題にあがったが、大勢が建設賛成。「新駅の必要性や建設効果も過大な数字。そこで気持ちがかなり出馬に傾きました」。自民党から共産党までをたずねて、推薦依頼をしにいってみた。素人だからできた大胆な行動の一つだろう。無党派を掲げて政党からあえて距離を置いてみせる人はいても（実際は濃い応援を受けていても）、主要政党すべてに乗り込み、推薦してと依頼するとは。

「流行っていた脱政党ではなく、超政党って名付けたんです。私の思想からしたら当然なんです。だって、県議会はすべての政党がいるわけでしょう。すべての政党の皆さんに協力をもらわなくちゃいけないから、県民党であり、超政党だと」

しかし、うまくいかなかった。政策的に合わなかったのだ。

最初に行った自民党では、政策を問われて「新幹線新駅とダムの見直し」と答えてダメ。次に民主党に行くと、「ダムはいらないけど、新駅は必要」と言われてこれもダメ。共産党はすでに候補者がいて、社民党だけが推薦より一歩下がった「支持」となった。

いざ知事選に出ようとすると、そう簡単ではない。政策には詳しくても選挙には素人だ。父や姉が埼玉で市議をしてはいたが、選挙の実務はまったく知らなかった。

「ポスターも選挙管理委員会が貼ってくれると思っていた」

身近なところにも思わぬハードルがあった。夫だ。同じ学者だったが、「学者が政治に出るな。当選したら離縁だ」。実際、当選後に離婚した。

しかし自分なりに勝算はあった。

「県民は私を支持してくれるに違いないと思っていました。だって、琵琶湖博物館はすごい人気でしたから。嘉田人気と言われていましたから」

全国的には無名でも、地元では博物館をつくった嘉田さんとして知られていたのだ。

「こういう人のつながり、それから政策のタイムリーさもあったし」

ダムがすでに不必要であるということにも確信があった。ダムの陳情団の中にいた知り合いに、後で「ダムは本当に必要？」と聞くと、「ダムなんて時間がかかって、カネがかかって。それよりも川の土砂とか木を切ってくれたらそれでええんや」と本音を話してくれていた。この本音ベースで政策をつくれば支持されるという自信があった。

そして選挙まで3ヵ月を切った4月18日、出馬記者会見を大津から電車を乗り継いで30分以上かかる近江舞子、しかも屋外の琵琶湖畔で行った。琵琶湖の一番美しいところで行いたかったからだ。県庁内などで行われるのが通常で、型破りだった。

「だって私は琵琶湖の環境にこだわっているから。記者さんたちは怒っていましたね」

それはそうだろう。忙しい記者たちにしてみれば、遠隔地、しかも当時はほとんど「泡沫」候補のためにわざわざそんな遠いところに行かされるなんて。

これまで築いてきたネットワークはあっても、それは見えづらい。一方、現職は自民、民主、公明と与野党が相乗りで推薦し、県内の２６０以上の団体が推薦した。

支持者20人からの選挙戦

最初の難関はポスター貼りだった。4900ヵ所ある掲示場をどうするか。地図やそれまでの関係者の名簿をつきあわせて、貼ってくれる人を頼んで歩いた。その作業は医師だった長男が勤務先の県立病院を退職して事務局をつくり、担ってくれた。

選挙活動は淀川水系の最上流の知り合いから歩き始めた。

「選挙は川の上流から歩き始めよ」という小沢一郎氏の理論どおりだ。まったく知らなかったが、「琵琶湖水源の山間部が大事だから」と始めた行動だった。長男の助言もあった。選挙についてあれこれ調べて、「新住民は選挙のその日にポスター見て決めるで。せいぜい2〜3日前や。だから都市部は一番最後で、それまでは上流部や」と言ってくれたのだ。

彼女と後援会長の女性は、出馬した時点から「勝てる」と思っていた。

告示日の晩、瀬田という新住民の住む地域であった個人演説会で、集まったのは20人。相手の陣営は近くの神社で500人集めていた。何とも寂しい感じだが。

「だってあっちは形式ですもん。動員して。こっちは一生懸命話を聞いてくれて、質問もたくさん出ましたから」

人数の少なさに出席者は逆に奮起して、みなチラシを持って帰ってくれた。その後の17日間で5000枚配ってくれた人もいた。彼女の熱が伝わったのだ。

「人は内面が変わらないと動きませんから。それがジブンゴト、ということです。ハートウェア、とも言っています。選挙は熱伝導なんです。少人数から始まっても、熱が伝わっていく」

自分は生活者のプロなのだから、生活者としての政治を打ち出そうと考えた。さらに、短時間で訴えるには、行政言葉や政治家用語ではなくて、生活に根ざした「暮らし言葉」を使えばいいという思いがあった。それが「もったいない」の合言葉になっていくわけだ。政策はわかりやすく、三つまで。すなわち、琵琶湖環境に子育て政策、無駄な公共事業はいらない。

「税金の無駄遣いはもったいない、子産み／子育てができないのはもったいない、琵琶湖の環境、壊したらもったいない」

このわかりやすさや生活感覚も有権者、特に女性の必要としていたものだったのだ。タ

ーゲットは女性にした。

街宣車で走っていて畑仕事をしている人がいたら車を止めて走り寄る。

「こんにちはー、あっ、キュウリおいしそう。キュウリちょうだい」

そう言ってぽきぽき食べながら話しかける。

「あのね、孫ができたらね、これ以上の無駄遣いをしたらあかんやろう」

2〜3分話して、

「わかった。あんたに入れる」

遊んでいる子どもたちにも話しかけた。「あ、もったいないおばさんや」「もったいないおばさんが来たよ。家に帰ったら、もったいないおばさんと一緒に魚つかみした、ってお父さんお母さんに言うてね」。

子どもは有権者ではないが、「だって、子どもたちのためにやっているんだから。子どもに、もったいないおばさん、流行りましたから。効果はあったと思いますよ」。

意識的に、自民党の支持基盤が堅いところをねらった。

「相手から票をいただき、こちらに持ってくれれば2倍の威力を発揮しますから」

選挙には大学の教え子もたくさん来てくれた。京都の大学だったから、選挙権を持たない人がほとんどだったが、事務所が学生であふれて活気に満ちた。みんな一生懸命だから、雰囲気も良い。まさにそれまでの政治が排除してきた女コドモの選挙だった。

マンションの前での演説は、それまで県内各地で1000回近くもやった講演の経験が生きた。シンプルな言葉で、イメージがわきやすいように説明する。お手のものだった。

「みなさーん、新駅は一人2万円ずつかかるんですよ。手もとに給与明細書はありませんか、給与明細書を見てください。住民税って書いてあるでしょう、いくら払っていますか？　住民税の半分は市で半分は県ですよ。そのうち2万円をあの使い勝手の悪い駅に入れるんですよ。すでに工事は始まっています。止めるとしたら今しかないんです」

06年７月20日、滋賀県庁に初登庁（写真：朝日新聞社）

人に話しかけるのも、演説するのも、頭を下げて回ることもまったく抵抗感がない、というか大好きだった。

滋賀の政治的風土もあった。知事を経て衆院議員となった武村正義氏も自民党からさきがけへ、さらには旧民主党へと入党しており、リベラル色が強い。武村氏も陰ながら応援してくれた。生協活動もさかんで琵琶湖のせっけん運動も歴史があるが、その人たちも応援してくれた。

そして当選を果たした。

「お前が知事になるなんておかしい」

が、それからの道も険しかった。民主党は知事選直後に与党となってくれたが、県議会の多数は自民党だ。当選直後の県議会の200の傍聴席は満席で人があふれた。圧倒的に女性が多かった。前代未聞の事態だ。最大会派の自民党の代表質問ではこんなことを言われた。

「民主主義の原則は多数決でありますが、問題の所在は多数決が必ずしも正しいとは限らないということであります。（中略）対話の政治は大切でありますが、ひとたびその運用を誤ると、衆愚政治に陥る危険性があります」

まるで知事選の結果が誤りだと言っているかのようだ。実際、そういう心情だったのであろう。いちゃもんをつけているかのようだ。

「あんたはパフォーマンス、ポピュリズムで県民をだます、そんなふうにずっと言われ続けましたよ」

1年目のときには県議会議長に、お辞儀の仕方がなっていないと言われ、秘書課に「謝りに来い」と電話があり、謝罪に出向いたこともあったし、自民党の元参院議員の地元の大物に、パーティーの場で出合い頭に胸ぐらをつかまれ「お前が知事に当選するなんておかしいだろう」と言われたこともあった。「お前は、知事なんていう資格じゃないんだ」とも。動揺を見せず、にっこり笑って答えた。

「選挙で選んでいただきましたので、未熟者ではございますが、知事を務めさせていただきます」

そんな声をものともせず、次々に政策を打ち出し、公約を実行していった。

新幹線新駅凍結では地元地権者とも誠実に向き合った。「悪代官にも似た独裁者」という厳しい言葉を何度も浴びながら、説明会を開き続けた。上京してJR東海の社長と会っ

て説明し、周辺市の首長たちとも何十回と会合を重ね、中止にこぎつけた。すでに動き出していた公共事業を県民の意思で止めた例は非常に珍しいだろう。新駅計画跡地には企業を誘致してリチウムイオン電池の工場ができた。

大戸川ダム建設の凍結は大変だった。県の土木部長と河港課長はずっと国交省からの出向者の指定席。抵抗勢力となった。県議会も反対し続けたが、09年には京都府知事、大阪府知事らとの合意に基づく実質凍結を含む「滋賀県知事意見書」が県議会で採択され、これを受けて国交省の近畿地方整備局が策定した淀川水系河川整備計画では、事実上の凍結となった。ダム問題が落ち着いた後、両方のポストを生え抜きから登用し、組織も改編してさらに14年、全国初の流域治水推進条例をつくった。

「経済政策もやりましたよ。企業を280社誘致し、滋賀県産の食のブランド化も進めた。もちろん、女性政策も。出産、育児でキャリアを中断してしまった女性たちが、保育園や働き口などをワンストップで相談できる『マザーズジョブステーション』も創設し、県庁内でも、女性の管理職を増やしました。県内企業の若者の就職マッチングも行い、『ヤングジョブセンター』を設立しました。高齢者政策にも力を入れ、在宅看取りの仕組みや地域参加のボランティアの仕組みもつくりました」

その結果もあるのだろうか、15年の滋賀県の生涯未婚率は、男女とも日本全国で２番目に低くなっている。また同年、滋賀県の男性平均寿命は全国１位、女性は全国４位となった。

知事選の翌年、07年の統一地方選では、嘉田氏を支えようとできた「対話でつなごう滋賀の会」という地域政党が結成されて県議選で４人の公認候補が当選し、民主党も議席を伸ばして自民党が初めて過半数割れとなった。10年には滋賀県知事選史上最多得票で再選を果たした。２期というのは最初から考えていたことだ。ダムや環境、生態系や水の再生を考えると４年では短すぎた。しかし、11年の地方選では、大震災直後の選挙ということも影響してか、再び自民党が過半数をとった。

これからの政治はどうあるべきかと改めて考えた。２期目の12年からは後進を育てようと未来政治塾を始めた。

「政治に多様性がないことがずっと問題だと思っていたんです。自営業の高齢の男性ばっかりで。ここに風穴を開けるには次世代を育てるしかない。若者、女性、サラリーマンを念頭に呼びかけました」

８６０人から応募があって、３００人を選んだ。田原総一朗氏に顧問になってもらい、講師を招いて政策議論をした。塾は３年続けた。

原発は国策だ

2期目の半ばから、国政の渦に巻き込まれていく。

「そもそも、知事が国会議員を兼ねられないかと考えていました。フランスとドイツはそういう制度です。地方自治と国政の調整もしやすく、成果も出しやすい。治水政策や専業主婦の扶養控除など、国の壁を感じたことも多かったですから」

東日本大震災後、原発ゼロをめざしたいという強い思いがあった。滋賀県は北西部が14基の原発を抱える福井県と接しており、何かあったら愛する琵琶湖が汚染され、そこを水源とする人たちへの影響ははかりしれない。

「水源の代わりはあるけれど、琵琶湖の代わりはない」

京都府知事や大阪府知事とともにつくっていた関西広域連合で、関西電力や敦賀原発を運用する日本原子力研究開発機構に対しても安全対策を申し入れた。さらに「緊急時迅速放射能影響予測ネットワークシステム（SPEEDI）」のデータ開示を国に求めたが、滋賀は原発10キロ圏内ではないということで拒否された。

「原発は国策だ」と意識した。1年半たった13年になってようやくSPEEDIのデータが提供されたが、安全対策が不十分と思えるままの再稼働への準備など国の姿勢には納得できないことばかりだった。関西広域連合の一員だった大阪市長の橋下徹氏（当時）も福井県大飯原発の再稼働を容認する。

「知事であることの限界を痛感しました」

未来の党の失敗

小沢一郎氏から力を貸してほしいと内々に要請を受けたのはそんなとき、12年9月のことだった。10月末には卒原発を争点に新党を結成するから党首になってほしいと頼まれた。何度か会ってそのたびに断ったが、原発に反対の衆院議員たちの受け皿がないことが気になっていた。12月の総選挙が決まった。

「社民党は小さすぎるし、民主党は連合がいるから原発を争点にしたくない。私は原発ゼロに近い卒原発をずっと言い続けてきていたので」

「原発反対の危機意識と使命感から」新党結成で一致した直後に、「嘉田新党」の字が新

聞に躍る。「日本未来の党」だ。11月26日のことだった。

県庁に5000件の電話が殺到する。

「選挙で応援したのにどういうことや」「小沢さんって汚い人やろう。なんで嘉田さんが小沢さんなんや」

「地元に根回しして発表するところを、先に報道されてしまったから、嘉田さんはどうするねん、と滋賀の仲間たちが怒りました」

準備不足の党はすべてがばたばたで、嘉田氏は知事を辞めて国政に乗り出す踏ん切りがつかず、12月4日の公示を迎える。121名の推薦候補の応援で、県政をしつつ全国遊説に走り回った。12月16日の投票では小選挙区と比例代表合計で342万票ほどは獲得したものの、惨敗に終わったと言っていいだろう。敗北後、小沢氏は電話に出ず、連絡がつかなくなった。最後に一度会って彼女は党首を降りた。華々しく打ち上げた「未来の党」は潰えた。

一連の慌ただしい動きは、彼女の政治家としての経歴に傷をつけたというのは言いぎだとしても、影を落としたとは言えるだろう。でも、彼女はヘタな言い訳はしない。そこは潔い。

「汚名を着たでしょうね。私はやりたいことをやって、言うべきことを言ってきた。小沢さんにはめられたかもしれない。それも自分の限界だということですね」

3期目に出馬しなかったのは、公約の政策は仕上げたと思ったからだ。同時に、大津市内のいじめ事件に巻き込まれた家族の反対も強かった。

15年の統一地方選では、昆虫学者だった次男の修平《しゅうへい》氏が市議に出て当選した。修平氏は母の威力を実感することになる。

「私が車から、嘉田です、と呼びかけて手を振ったって無反応ですよ。でも母がマイクを握って嘉田由紀子です、と言ったら窓を開けるし、みんなが二度見ですよ（苦笑）。駅で立ったら、私は1時間に1～2人握手できたらいいけど、向こうは数えていたら1時間に100人。あのパワフルさには頭が上がらないですね」

怒濤の8年間だったが、彼女が政治に出た意義を自分で振り返ると何なのか。

「一票で社会が変えられることをみんなが実感したと思います。特に女性たちはね。地盤、看板、カバンのないよそ者の女学者が政策を訴えて、自分たちが選んだら、社会を変えられた」

そう、一票で社会は変えられるのだ。特に女たちは。たとえ失敗することがあっても。

あとがき

女性政治家7人の生き方をどう感じただろうか。

あまりに普通で驚いた？　それとも、やっぱり自分とは違う？　政治の世界が時に不条理でばかばかしく、お約束に満ちた世界だと思った？　選挙とは厳しいものだと思った？　それとも、すんなりと腑に落ちただろうか。

政治の世界で勝ち抜き、生き延びていくことはすさまじく、激しく、ドラマチックだ。しかし、一方で意外に素人でもやっていけるというか素人だからこそやっていける、変えられる面があるし、普通の感覚が必要とされる世界でもある。まえがきにも書いたように、今という時代ならなおさらだ。女性のほうが政治から疎外されてきたから、素人度や普通度はどうしたって高い。だから女性政治家は時代から求められているのだ。

女性と政治と言うとき、大きく「政治家としての女性」と「有権者としての女性」に分けられると思うが、後者のほうも政治を変える大きなカギを握るのである。

候補者が当選するには女性からの支持が重要だからである。男性政治家からも聞いたことがある。男性の有権者は自分の所属している組織やしがらみで投票することが多いが、女性は自分が共感できるかどうか、この人に本当に入れたいかどうかで投票することが多い。だから、女性のほうが味方としてあてになる、と。

この本に登場した女性政治家の多くも女性から支持されている。女性が女性候補者に共感して票を入れる。そして女性政治家が誕生する。政治を、社会を変えようと動く。つまり女性が投票に行けば政治は変わるかもしれないのだ。

もちろん女だっていろいろいるのはわかっている。そのうえであえて言いたい。政治の希望は女性にある。男性にとってもそれは重要なことなのだと。

そこに私は政治を変える萌芽を見る。楽天的だろうか。

この楽天的、というのも、女性政治家たちから教わったことかもしれない。政治の世界はそうは言っても簡単には変わらないし、不条理で納得がいかず、がっかりすることも多いからだ。さらに男性が圧倒的優位な世界、堅くて高い鉄の壁のようにそびえ立つ中で奮闘している女性政治家たちは、なおさら不合理な目にあう。だから楽天的でないとやっていられないのだ。

7人の生き方を通じ、私は今、女性と政治についてそんな心持ちまでたどりついた。それをぜひ男性にも知ってほしいのだ。今まで言わなかった、いや、言えなかったことだから。

最後に、登場してくださった7人の女性政治家のみなさん、周辺取材にご協力してくださった方々に心からお礼を申し上げます。書いている最中に彼女たちを取り巻く政治状況の激変が相次ぎ、何度も書き直しをせざるを得ず、時間がかかってしまったことをおわびいたしします。

辛抱強くつきあってくれた担当の坂本瑛子さん、そしてこの本を手にとってくれたあなた。どうもありがとうございました。

装幀・装画　bitter design

女《おんな》は「政治《せいじ》」に向《む》かないの？

二〇一八年五月三〇日　第一刷発行

著者——秋《あき》山《やま》訓《のり》子《こ》

発行者——渡瀬昌彦

発行所——株式会社講談社

東京都文京区音羽二―一二―二一

郵便番号　一一二―八〇〇一

電話　〇三―五三九五―三五二一　編集（現代新書）

〇三―五三九五―四四一五　販売

〇三―五三九五―三六一五　業務

印刷所——凸版印刷株式会社

製本所——株式会社国宝社

ISBN978-4-06-511764-4